小学校体育

これだけは知っておきたい「低学年指導」の基本

白旗和也【編著】

東洋館出版社

はじめに

　本書で取り上げた小学校低学年の子供たちは、生理的運動欲求段階と言われるそうです。つまり、欲求のレベルとして、眠りたいのと同程度に体を動かしたいのです。その運動欲求に十分応える体育の授業をしたいものだなと思います。

　文部科学省の教科調査官時代に「幼児期運動指針」（平成24年3月）の取りまとめをした関係で、幼稚園の状況を観察したり、幼稚園の研究会の講師で呼ばれたりすることも増えました。幼児は喜々として自分で選んだ活動に夢中になって遊んでいます。それでも、近年、幼児が体を動かして遊ぶことが減ったとか、遊びが単調で決まった遊びしかしていないなどの問題が指摘されています。このことは、体の育成にとどまらず、社会性や意欲、認知能力、生活習慣病にまで影響を及ぼしています。現在、これらの課題解決に向け、研究保育で体を動かす遊びを扱う園が増えています。その延長上にあるのが、小学校の低学年です。幼児期と児童期をつなぐという系統性の面から、低学年の体育は大変重要な意味をもちます。本書の執筆に協力いただいた松戸市立八ヶ崎小学校や静岡市立横内小学校は、体育の研究を40年、50年と続けていますが、低学年の体育を重視し、楽しく魅力たっぷりの授業づくりに尽力しています。その結果、運動が大好きになり、高学年になっても進んで運動に取り組む姿が見られます。

　一方、全国の低学年の担任の先生方の中には、体育の授業に苦手意識をもっている場合が少なくありません。理由を聞いてみると、「①何を具体的に指導して、押さえたらよいのかわからない」、「②どのように学習を進めたら楽しくなるのかわからない」、「③自分は学生時代にスポーツをしてこなかったので運動に自信がない」。これらが主な理由でした。私の経験（研究）からすると、①、②をおおむね理解して授業ができれば、③はほとんど関係ないと考えられます。スポーツの技術指導をするわけではありませんから、③は迷信と言い切ってよいのではないでしょうか。数学がとても得意でないと、算数のよい授業はできませんか？

　実際に学生時代、スポーツを見たり、手軽な運動をしたりするのは好きだったけれど、運動部に入ってスポーツをしたことがなかったという女性の先生に1単元、まるごと研究授業をしてもらいました。①、②を確認しながら指導案をつくり、1時間を終えるごとに押さえどころや流れを確認しながら授業を進めていきました。すると、日に日に子供たちの笑顔が弾けていきました。映像を撮っていても、楽しさがどんどん伝わってくる見事な授業でした。研究用のデータとして、子供たちからの授業評価や動きの獲得状況などを調査していますが、どれも大変高い結果となり、データの上からも授業の素晴らしさが実証されました。このように、③にかかわらず、①、②が押さえられれば、よい授業を行うことは十分可能なのです。

　そこで、勝手な思いではありますが、大変重要な時期である低学年の体育の指導で悩んでいる先生方の少しでも力になりたいと考え、本書を作成しました。なお、女性の先生方が低学年を受け持つことが多いため各領域の授業の実際に関しては、全て女性の先生方が執筆されています。

　末筆になりますが、このような機会をいただきました東洋館出版社には心より感謝いたします。

日本体育大学教授　白旗和也

目次
Contents

はじめに　1

第1章　低学年の体育を知ろう　5

 1　低学年の授業づくりの特徴　6
 2　運動遊びであること　10
 3　楽しく多様であること　14

第2章　事前準備をしよう　19

 座談会　低学年指導の基本　―低学年の体育授業で大切にしていること　20
 ［授業を組み立てる］
 1　授業のための情報を集めよう　28
 2　単元計画を立てよう　30
 3　教材を用意しよう　32
 4　場の設定を考えよう　34
 5　授業の山は2つ　36
 6　授業に必要な7つ道具　38

 ［授業を実践する］
 1　準備運動からスタート　40
 2　安全第一を徹底　42
 3　学習内容の定着のために　44
 4　教材教具のヒント　46
 5　運動量を確保しよう　48
 6　言葉かけのアイデア　50
 7　工夫の視点を伝える　52
 8　よい動きを取り上げる　56

第3章　授業をつくろう　　　　59

実践例の活用の仕方と各領域の特徴について　**60**
1　体つくり運動　―多様な動き遊びの授業をつくろう　**68**
2　器械・器具を使っての運動遊び　―マット遊びの授業をつくろう　**84**
3　器械・器具を使っての運動遊び　―跳び箱遊びの授業をつくろう　**96**
4　器械・器具を使っての運動遊び　―鉄棒遊びの授業をつくろう　**108**
5　走・跳の運動遊び　―走の運動遊びの授業をつくろう　**120**
6　走・跳の運動遊び　―跳の運動遊びの授業をつくろう　**130**
7　水遊び　―水遊びの授業をつくろう　**142**
8　ゲーム　―鬼遊びの授業をつくろう　**154**
9　ゲーム　―ボール投げゲームの授業をつくろう　**166**
10　ゲーム　―ネット型につながるゲームの授業をつくろう　**178**
11　表現リズム遊び　―表現リズム遊びの授業をつくろう　**192**

編著者・執筆者紹介　**204**

第1章

低学年の体育を知ろう

1　低学年の授業づくりの特徴

　体育館に低学年の子供たちを連れてきました。当然、体育の授業をするためです。さて、人数確認などが終わった後、はじめにする活動は何でしょうか？

> 1　みんなを座らせて、今日の学習の説明をする。
> 2　運動の場の準備をする。
> 3　楽しく準備運動（簡単な運動遊びを含む）をする。

　もちろん、順番に決まりがあるわけではありませんが、低学年の場合は、3から始めることをおすすめします。根拠は「はじめに」で述べたとおり、低学年は生理的運動欲求段階であるということです。体を動かしたくて体育館に来るのです。まずは、その欲求を十分満たしてあげることが体育の授業でうまくいくコツの1つではないでしょうか。

　低学年の子供は、幼児と児童の狭間のような発達の段階とも言えます。そこで、高学年とは違った指導のポイントが存在すると思うのです。

　そこで、下記に特徴的な点を8点ほど記していきます。少し多いと感じる方もいるかと思いますが、それほど、低学年の体育は特徴的なのです。あまり難しいことではありませんから、全体像を理解するためにも気負わずに読み進めてください。

1　楽しく行う

低学年

> (1) 次の運動を<u>楽しく行い</u>、その動きができるようにする。

高学年

> (1) 次の運動の<u>楽しさや喜びに触れ</u>、その技能を身に付けることができるようにする。

　学習指導要領には、運動への取り組み方について、低学年と高学年との違いの象徴として、□の言葉のように示されています。□の言葉は学習指導要領において、各領域の(1)技能の内容を示すものです。比較すると、太字の部分に違いが見られます。低学年では、「楽しく行い」と示されています。つまり、活動自体が楽しいということです。楽しい活動をたくさんする中で、「動き」を身に付けると示されています。幼児期の延長上にある低学年の子供たちは、基本的に動くことが大好きです。好きなことにたっぷり浸ることで、運動がもっと好きになることでしょう。この時期に運動が好きになると、休み時間や学校外でも運動に親しむ機会が増えます。このことは、文部科学省が平成19年度～21年度に行った「体力向上の基礎を培うための幼児期における実践活動の在り方に関する調査研究」で、幼児が小学校に進学した後、追跡調査をして明らかになったことです。

このように、低学年のうちに楽しい活動をたっぷり味わっておくことは、その後に運動と関わっていく上で、大きな財産となります。

高学年では、「楽しさや喜びに触れ」と示されています。これは、単に動いているだけで楽しいということよりも1つ高まった状態です。運動することによって何かを達成できたとか、意図的な練習を積み重ねて試合で勝てたといった成就感を得られるようなことを示しています。低学年の生理的運動欲求段階から、認知的運動欲求段階に変容しています。ですから、自分に合った課題をもち、運動の場や方法を選択して取り組んだ結果、「技能」を身に付けることが、低学年よりも一層大切になってきます。

2　動きができる

前述の「動き」と「技能」の違いについて、簡単に説明します。各領域の(1)は「技能」（体つくり運動は除く）となっていますが、動きと技能は少し意味合いが違うのです。「技能」はある目的を達成するための合理的な体の動かし方、体の操作の仕方と言えるかもしれません。クロールであれば、「手を左右交互に前に伸ばして水に入れ、水をかくこと」「リズミカルなばた足をすること」がこれに当たります。それに対して「動き」は、単体の易しい体の動かし方と言えばわかるでしょうか。「壁や補助具につかまり、全身の力を抜いて浮くこと」などが当たります。「浮くこと」そのものが動きと言えます。動きは「技能の前段階」ととらえてもらうとよいと思います。ですから、合理的でなくてもいろいろな浮き方ができることが大切です。富士山を思い浮かべてください。富士山の頂上が、高い技能だとすると、それを支える麓には、広い裾野がありますね。低学年の体育では、その裾野に当たる動きを幅広く身に付けていくイメージです。いくつもの動きが組み合わさって様々な技能を形成していきます。今後、高めていく技能の土台、それが「動き」に当たります。低学年では、こうした易しい動きをたくさん身に付ける活動を楽しく行うことが原点です。

3　きまりを守る

体育で最も大切なことは、「安全である」ことです。「けが人が出てしまったら、その授業は0点だと心得なさい」と先輩方からよく指導されました。安全が保障されなければ、楽しく活動することはできません。そのため、きまりを守ることは大切な学習内容になります。学習指導要領の「(2)態度」の内容には「…きまりを守り仲よく運動をしたり…」と示されています。最初にきまりを決めるのは誰ですか。聞くまでもないですが、先生ですよね。まだ、判断の甘い低学年の子供たちに、守るべきことをしっかり指導します。その守るべきことが「きまり」です。ところが、高学年になると「約束を守り…」と変わるのです。約束をつくるのは先生ではありません。子供たち同士です。「きまり」を守ることで正しい判断ができるようになったら、子供たち同士で「約束」として、守るべきことをつくるのです。それが、積み上げた学習の成果になります。ですから、低学年うちにしっかりと「きまり」を守る姿勢を身に付けられるようにしてください。

4 「友達」と仲よく

『小学校学習指導要領解説 体育編』を読んでいくと、「友達」と「仲間」という言葉が混在していることに気付くと思います。この2つの用語は、違う意味をもつのでしょうか。学習指導要領（解説も含む）では、言葉が違えば、定義が変わるのです。

「友達」というのは、主に2人を指します。私とあなたの2人（ペア）です。多くても3人（トリオ）までと理解してください。

それに対して、「仲間」は、主としてグループを意味します。低学年に多く登場するのは「友達」です。幼児期で自分中心だった活動から、他人を意識した活動にスムーズに移っていくために、まずは少人数での関わりを重視しているのです。入学したばかりの子供は自分のことを先生に見てほしいので、「ねえ、先生見て」とすぐに報告に来ますよね。これを友達に見てもらって満足できるように転化していきます。そして、少しずつ関わる人数を増やしていきます。人数が増えると葛藤やトラブルも増えますが、それらを乗り越え「仲間」で活動できるようにしていきます。

5 たっぷり動く

低学年の子供は、すぐに息が上がるけれども、すぐに回復すると思いませんか。運動生理学的に、疲労物質を早めに処理できるメカニズムになっているようです。ですから、かなり動いても平気です（といっても、もちろん限度はありますので子供の様子をしっかり見てください）。動くこと自体が大好きですから、高学年以上にたっぷり動きに浸って楽しく活動を行えるよう配慮することが大切です。

授業のはじめの準備運動から音楽をかけて、どんどん動き、息が上がるくらいたくさん動いてから、みんなを座らせて、「さあ、いっぱい動いたね。じゃあ、今日はみんなでこんなことをがんばるよ」と話し始めると、運動の欲求が十分に満たされた子供たちは、しっかりと話を聞くことでしょう。低学年の子供にとっては、たくさん動くこと自体が楽しさでもあるのです。

6 いろいろ取り組む

低学年の子供たちは、難しい動きを軽快にこなすことはできません。それは、まだ運動するための神経の回路が十分できあがっていないのです。そこで低学年の子供たちには、その回路をつくり、運動感覚を身に付けていくために、いろいろな動きに幅広く取り組むことを主に活動を組んでいきます。繰り返しになりますが、今後、高い技能を身に付けていくための土台をつくることが低学年の体育の最も大切な価値であり、実態に合っていることなのです。ですから、まずは1つの動きの質を高めるよりも、いろいろな易しい動きにたくさん取り組むことの方が大切なのです。

例えば、「前転」をすると動きは1つになってしまいますが、「回る」動きはいろいろあります。前に回ったら、今度は後ろに、そして横に、斜めにだって回ることができます。その際、安全にだけは気を付けて、子供のアイデアを生かしながら動きを広げていきます。このように、最初の段階では易しい動きをたくさんできるようにしていきます。少しずつできるようになったら、「誰の動

きがかっこいい？　どこがかっこいい？」とよい動きに視点を向け、動きの質を高めていきます。そして、友達のよい動きを真似しながら、自分の動きの質も高めていけたら、ますます夢中になって取り組むことでしょう。

7　自信たっぷりに

PISAの学力調査では、国語、算数・数学、理科などの得点に注目が集まっていますが、日本の子供にとって問題なのは、自分に自信をもっていない子供たちが非常に多いということです。かなり学力的に高い子供までが、「自信が無い」と回答しています。

ところで、低学年の子供はどうでしょう。「これできる人？」というと、できそうもない子供まで「はーい」と元気よく手を挙げたりします。この有能感（自信）はどこへ行ってしまうのでしょう。自分に自信と希望がもてる子供たちを育てたいものです。そのために体育では、易しい場づくりと教師の称賛が鍵であると感じています。どの子供も「できた」喜びを感じられる場づくりをすれば、できそうな場から運動を始めるでしょう。そして、先生はそれを見逃さずに、「すごい！できたね」といって、大げさに、そしてにこやかに褒めてあげましょう。自信は意欲に変化していくはずです。その際、誰を褒めているかがわかるように、「名前を呼んでから褒める」のがコツです。

8　1時間に学習のヤマを2つ

低学年の子供の特徴として、何事にも夢中になって取り組むものの、飽きやすく、忘れやすいことが挙げられます。学習の最後のまとめで感想を聞くと、ほとんどが直前に行った活動のことを挙げます。目の前のことに夢中で、それ以前のことは忘れてしまうのです。それだけにダラダラと学習を進めるのではなく、1時間に大きな学習を2つ用意して、前半を終えたところで小まとめ。その後に2つ目の学習をしてから全体のまとめという流れにすると、全体の学習内容が押さえられます。高学年の場合は、あまり途中で学習を途切れさせないように配慮しますが、低学年の飽きっぽい特性も利用してリズムよく、子供にとって新鮮な感覚を大切にしたいものです。また、それが学習の定着への近道かもしれません。

ここまで、低学年の特徴的な学習方法を大まかに書いてきました。本書を読み進める上で、念頭に置いていただければ幸いです。

（日本体育大学教授　白旗和也）

2 運動遊びであること

1 低学年の体育科において「遊び」がなぜ大切なのか

　小学校学習指導要領では、低学年の体育の内容を、例えば「器械・器具を使っての運動遊び」とか「走・跳の運動遊び」などのように、「○○の運動遊び」という言い方で揃えています。低学年の子供たちなので、一見、これは当たり前のように思われるかもしれません。けれども、この「○○の運動遊び」という内容のとらえ方には、体育の学習指導の本質に関わる、とても大きな意味が隠されています。ここでは、特に低学年の体育において、「○○の運動遊び」として体育の内容をとらえることの大切さについて、いくつかの視点から考えてみたいと思います。

　まず、この頃の子供たちにとって、体育で学習する「運動」は、ほとんどのものが「遊び」として子供たちには現れているということからです。私たち大人にとっては、「運動」はいろいろな意味をもつものとして現れます。例えば、「運動不足だと、また太ってしまう…」とか、「運動でも行って、気分をすっきりさせないと…」とか、「運動やスポーツをすることが私の一番の趣味です…」などです。ところが、低学年の子供たちは、このように「運動が自分にとってどんな意味をもつものなのか」ということを「頭で理解して行動する」ことが難しく、「やりたいか、やりたくないか」「好きか、嫌いか」という判断の中で、「楽しいこと」として向き合っていることが多いものです。これはもちろん、「運動」が子供たちにとって、まずは「遊び」として現れているということを示すものであり、また、この頃の子供は、思考と活動がまだまだ未分化で、いわば「動きながら考える」という発達の段階にある中、それはとても自然な姿であるということを示しています。このような、低学年という発達の段階にある子供たちの自然な姿の「運動」を、トレーニングのように押し付けるのではなく、まずは大切にしてあげることが体育の学習指導の中では大切です。子供の立場から教科の内容を理解することが、体育の学習指導に限らず、子供の意欲的・主体的な学習を促すことを支えます。

　次に、体育科の目標でもある「生涯にわたって運動に親しむ資質や能力の基礎を育てる」ことから見た場合の、「遊び」という言葉がもつ独特の意味についてです。生涯にわたって私たちが運動に親しむとき、具体的にはどんな姿がイメージできるでしょうか。例えば、地域や職場にあるサッカーやバレーボールのクラブに入ったり、スポーツに関連する行事に参加したり、毎日ウォーキングしたり、地域や企業が主催するスポーツ教室に参加したりなど、きっといろいろな姿があると思います。このとき、このような「運動との関わり方」を大きく分けると2つのタイプに区別することができます。1つは、日々の生活の中で「運動」することが、何かの意味で「必要なことを満たしてくれる」タイプのものと、もう1つは「運動」すること自体が、自己実現を促してくれたり生活を充実してくれたりなど「楽しみを充してくれる」タイプのものです。例えば、「ダイエットや健康のために、毎日、週に3日間、1日1時間以上は歩かなければ…」というのは前者のタイプですし、「地域のバレーボール大会で今年こそ優勝しなければ…」と仲間と日々練習に励みつつ大会を楽しみにしている、というのは後者のタイプになります。「健康のために運動する」とか「仲間づくりのために運動する」とか「自分を鍛えるために運動する」とかは前者のタイプの運動

との関わり方になり、「楽しいから運動する」とか「生活の中でそれがなければ気持ちも充実できないから運動する」とかは、後者のタイプの運動との関わり方になります。もちろん、この２つのタイプは完全に分かれるものではなく、両方が入り混じっていることも多いのですが、タイプとしては２つの視点で区別できるということです。

このときに、特に前者の「運動」は「体つくり運動」として、後者の「運動」は「スポーツ・表現運動（ダンス）」として、学習指導では取り扱っています。特に低学年では、前者の「体つくり運動」は、「○○のために運動する」ということが、思考と活動が未分化の発達の段階であるときだけに難しいので、いわば後者の学習指導の中に包摂させて扱うようになっています。ここで、この後者の「楽しみを充たしてくれる」タイプのスポーツや表現運動（ダンス）の本質が、そもそも「遊び」であるという点が重要です。例えば、英語で「私はサッカーをする」というのを "I play Soccer" と言いますが、このときに使われている動詞の "play" という言葉は、日本語では「遊ぶ」と訳される言葉です。そもそも「スポーツ」という言葉の語源も、「仕事ではないもの＝非日常の事＝遊び」という言葉にあったこともよく知られています。つまり、「スポーツや表現運動（ダンス）」は、人間にとってはそもそもが遊びの要素を中心にもつ「運動」であり、「遊び」という言葉はそれゆえに、「スポーツ・表現運動（ダンス）」の学習指導を考えるとき、体育科の指導でもっとも大切にすべき、本質的な意味をもつ言葉であるということです。

このように整理していくと、低学年の体育科の内容が「○○の運動遊び」として示されていることは、低学年のこの時期に、まず基本的な「運動の特性」である、「遊びの性質から生じる運動の楽しさ」を、各運動領域の基礎としてしっかりと学ばせようという意図があると考えてよいことになります。つまり、「運動は楽しいものなんだ」「運動をするとこんなに気持ちが充実するんだ」ということを、この頃の子供たちだからこそ、しっかりと味わわせ身に付けさせることがとても大切なのです。そのためには、体の動かし方を新しく学んだり、動かし方に工夫を凝らしたり、練習の仕方を少し考えることができるようになったり、ルールを学んだり、勝負に対する公正な態度を学んだりなど、「運動が楽しい」からこそ、学びを通して自分が成長していくことも必要となります。このように、「運動との関わり方」という視点や「楽しみを充たしてくれる」という視点から、「遊び」の性質をもつ「運動」として体育の内容を押さえることが、「生涯にわたって運動に親しむ資質や能力」を育てるスタートとなる低学年の体育科学習指導において、「基礎を築く」ためにも、とても大切なことになるということです。

2 「運動遊び」が子供たちに成り立つ条件

ところで、子供の立場を大切にしたり、生涯にわたって運動に親しむ資質や能力を育てることから「楽しみを充たしてくれる」ことを大切にしたりすることは、具体的には低学年の体育科の学習指導で何をどうすることになるのでしょうか。そこでまず知っておきたいことは、そもそも「遊び」とはどのような状態のことを言うのか、「遊び」とは何かということについてです。

一般に、「ふまじめなこと」「自由なこと」「好き勝手なこと」「楽しいこと」といったイメージが

強いのが「遊び」という言葉です。しかし、例えば自転車や車の「ブレーキの遊び」という言葉が、踏んだり引いたりしてもブレーキがまだかからない「ゆとり」や「隙間」の部分を指すように、普段使う言葉のイメージにはとどまらない内容を含んでいます。このときに大変参考になるのが、現象学という独特の観点から「遊び」について考察した西村清和先生の研究です。

　西村先生は、「遊び」が成立する条件として、次の3点を挙げています。これを少し言葉を解釈して説明すると、まず1つ目は「遊間」、つまり「すきま」とか「ゆとり」という言葉で示される「間がある」ということです。「服に遊びがある」という言葉の使い方においては、「服」が体にぴったりというのではなく、やや、ダブついている、あるいは余裕があることを指します。そのときの「間」のことです。例えば、ゲームをするときに力の差がありすぎて、ゲームを行う前から「勝ち負け」がわかっていれば、そこに「余地」や「どうなるかわからない」という、勝負の結果に関する「すきま」は全くありません。しかし、力が拮抗していて「勝つか負けるかわからない」という不安定な状態になると、どちらに転ぶかわからないため、勝負の結果には「すきま」や「余地」が生じることになります。まずは、このような「間」があることが「遊び」の条件だということです。

　2つ目は、「遊動」、つまり「行ったり来たり」という「ふらふらとした」、あるいは「反復する」動きのことです。先の「どちらが勝つかわからないゲーム」では、あるときは「いける！勝てそうだ」と思っていても、あるときは「ダメだ、負けそうだ」と思ったりするものです。そして、それが何回も「行ったり来たり」するゲームのほうが、「ドキドキ」して、「ワクワク」もします。このように「遊び」には、「行ったり来たり」という、「動き」があるということが2つ目の条件として重要だということです。

　最後の3つ目は、「遊戯関係」の存在、つまり「これは遊びなんだ」と自分だけでなく、その「遊び」に参加している人全員がはっきりと認識していることです。言い換えれば、「これは遊びである」という一種の安心感と、だからこそのめり込んで「我を忘れて夢中になっている」という、遊んでいる当人の独特の「無我」の状態があることです。ゲームにおいては、勝つか負けるかわからない、だからこそそのことに没頭していて、他のことなどそのときには考えてなんかいられないという状態があります。しかし、ゲームが終わった後で、例えば「おまえのせいで負けたじゃないか！」など、責められることがあらかじめ予想されるようなときには、そのことが気になって没頭することもできないものです。つまり、「これは遊びだから真剣じゃない」と全員がわかっていながらも、だからこそ「失敗してもOK」という心のゆとりと、「真剣にがんばる！」という状態の中で、全員が夢中になっているような状況がなければ「遊び」は成り立たない、ということです。これをここでは単に「安心感」という言葉でくくっておきます。

　まとめてみると、「間」と「動き」と「安心感」があること、この3つが遊んでいる当人に成り立っているときに「遊び」が成立している、と西村先生は述べているということです。

3 「運動遊び」を指導する教師の視点

　そうすると、この「遊び」の3つの成立条件は、低学年の体育科における学習指導の際に、そのまま、教師の指導の視点として活用できることになります。なぜなら、低学年の子供たちの体育の学習は、まずは「遊び」の要素を中心とした「運動」に触れさせ、その特性を主体的にしっかり

と味わい、その過程の中で、技能や、思考・判断する力を高めさせていくことが大切だからです。

　低学年の「運動遊び」では、ほとんどのものが「できるかな、できないかな」という心の動きが、子供たちが運動に魅力を感じる原動力となっています。「前回りができるかな」「ボールを10回、うまくつくことができるかな」「あの的にボールを蹴って当てることができるかな」「あそこまで早く走っていけるかな」など、「運動遊び」のほとんどは「できるかな、できないかな」と、子供たちが、そこでの課題に対する結果の「余地」の中で、心を揺らし一生懸命になって「我を忘れてトライする」ところに「遊び」が成立しているものです。そうなると、まず「できるか、できないか」という「心の動き」が生じる運動の課題や運動の場が1人1人の子供たちに用意されているのか、このことが、最初の教師の働きかけの視点となることになります。教材の在り方や「めあて」のもたせ方などが、ここでの具体的な内容になってくるでしょう。また、事前に子供たちの力をとらえていなければ（診断的評価）、それが子供たちに見合った課題になっているのかどうかが判断しにくくなることに加えて、プロセスの中で子供の力の高まりに応じてさらに課題を高めさせたり、場を難しく工夫していったりするという、子供たちを形成的に評価しそれを指導に生かしていくといったことも必要になってきます。こうした一連の学習指導は、結局のところ、子供たちに「間」と「動き」を保障することにほかならないとともに、そのことから「運動遊び」をまず全ての子供たちに保障しようとする教師の働きかけである、ということになるわけです。

　さらに、こうした「できるかな、できないかな」ということに子供たちが夢中になりトライすることが、「安心感」の中で行われているかどうかについて教師は敏感になる必要があります。友達同士で協力し合ったり、支え合ったりという指導を適切に行ったり、運動に向かう態度や主体性を育てることを、教師の働きかけとして具体的に行えるのも、こうした「安心感」が子供たち1人1人に保障されているのかどうかを見極められる力によるところが大きいと思います。このような力は、繰り返しになりますが、「運動遊び」というものの成り立ちを理解し、適切にその成り立ちを支えることができることに他なりません。

　このように、低学年の体育科の学習指導においては、「運動遊び」として内容をとらえることの意味と意義を十分に理解し、「遊び」というものの本質を理解した上で、それが子供たちにしっかりと保障されるための適切な指導を行っていくことが、運動が好きで、生涯にわたって運動に親しむ学習をしっかりと行うことができるための、もっとも基礎的な事項になるのではないかと思います。その上で、各領域の具体的な内容にさらに踏み込み、子供たちと一緒になって、「どうしたらもっとうまくいくんだろう」「どうしたらもっと楽しくなるんだろう」と、学習の広がりと深まりをともに探っていくことが、日々の授業でのまずは基本的なスタンスになるのではないかと思います。

（東京学芸大学教授　松田恵示）

3 楽しく多様であること

1 幼少年期の運動の基本

　人間の基本的な動きは幼少年期に獲得されます。この時期の運動発達の特徴は、基本的な動きの獲得と洗練です。つまり、様々（多様）な種類の基本的な動きを数多く獲得すること（量的獲得）、そして、それら１つひとつの動きの無駄が省け効率よくスムーズに行えるようになること（質的向上）なのです。動きの獲得や洗練には、その動きの経験が必要になります。逆上がりができるようになったからといって泳げるようにはなりませんし、ボールを上手に蹴ることができても上手に投げられるとは限りません。これらは全て動きのパターンが異なるからで、その動きの繰り返しの経験によって神経回路が形成されてその動きとして身に付くのです。

　平成24年に「幼児期運動指針」が策定されました（文部科学省2012）。この中では、運動の行い方のポイントの１つに「多様な動きが経験できるように様々な遊びを取り入れること」とあります。幼児期には運動遊びを中心に、普段の生活の中で多様な動きの経験をしていきます。かつて、幼児期には80種以上の基本的な動きが見られましたが（体育カリキュラム作成小委員会、1980）、幼児の運動能力が低下している今（森ら2010）、この７割程度の種類しか見られていないという報告もあります（町山・吉田2008）。さらに動きの質的な面に目を向けると、最近の５歳児の動きは1980年代の３歳児に相当する動きであることも明らかにされています（中村ら2011）。つまり、幼児期には多様な動きの経験が発達課題である一方で、かつての幼児に比べると量的にも質的にも未熟なまま小学校に入学しているということになるのです。

2 多様であることの意味

　多様な動きの「多様」であるとは、どのようなことをさすのでしょうか。多様さの意味は２つあります。１つは、歩くや走る、投げるや転がるなどの基本的な動きの様々な種類という意味。そしてもう１つは、これら基本的な動きのバリエーションという意味です。基本的な動きの種類は、幼児期にはすでに大人と同じくらい多くのレパートリーを獲得します。バリエーションは方向（空間）、時間、力のいずれかの要素を１つまたは複数組み合わせることで生まれます。例えば「とぶ」という動きは、その場で繰り返してとぶ（時間）、遠くにとぶ（方向）、高くとぶ（力）などいろいろなとび方があります。このように、ある基本的な動きに変化を加えることでも動きに多様さが生まれるのです。バリエーションは、簡単に言えばその動作語に修飾語を付けると生み出されます。

3 楽しいことの意味と指導

　各運動領域には、体を動かす楽しさ、技を身に付ける喜び、仲間と協力してゲームする楽しさ、仲間と競い合う楽しさなど、様々な楽しさが示されています。低学年の体育は「運動遊び」であり、「これは児童が易しい運動に出会い、伸び伸びと体を動かす楽しさや心地よさを味わう遊びで

あることを強調したもの（文部科学省、2008）」であり、内発的動機付けが満足される楽しさであると言えます。前述した楽しさで言えば、体を動かす楽しさや技を身に付ける（できるようになる）楽しさは内発的動機付けが満足される楽しさですが、仲間と協力したり、仲間と競い合ったりする楽しさは外発的（社会的）動機付けが満足される楽しさとなります。もともと活動そのものに動機付けられて取り組んでいても、外的報酬が与えられることで内発的動機付けが低下することが明らかにされています（デシ、1980／桜井、1997）。ご褒美がなければ運動しないというのでは、主体的に運動に取り組む態度は育ちません。運動にはいろいろな楽しさがありますが、低学年においては、まずは体を動かす楽しさや自分なりにできる面白さを十分に経験することが大切です。

　一般的には楽しい、面白いなどの快の感情はそのことに接近するよう作用し、つまらない、痛いなどの不快の感情はそのことから回避するように働きます。つまり、きつい、苦しいなどの不快な感情的体験の繰り返しではなく、楽しい、面白いという快の感情的体験をすることが、「またやりたい、もう一度やろう」という意欲と結び付くのです。運動をしたいという欲求は、基本的には楽

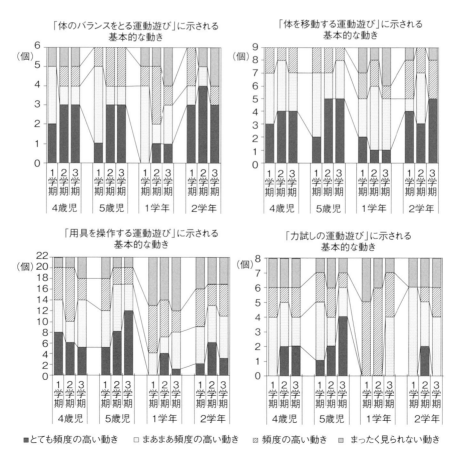

図1. 幼児期から小学校にかけて観察された基本的な動き（吉田 2015）

しさから生まれてきます。ただし、前述の通り「楽しさ」は内発的動機付け、外発的動機付け、いずれにおいても満足されると生起されるのですが、特に低学年の指導においては両者を区別してとらえておく必要があります。

4　幼児期から小学校への接続

　幼少年期の運動の基本、運動発達の特徴を考慮すれば、幼児期の運動遊びと小学校低学年の体育の活動はまったくかけ離れたものではく、むしろ同様の活動、延長の内容になります。「接続」とは広辞苑（2008）によると、「つなぐこと。つながること。続けること。続くこと」とありますが、体育においては幼小両者をつなぐというよりは、続くという意味がふさわしいでしょう。
　幼児期から低学年に観察される動きを見てみると、小学校1年生で見られる動きの種類が少なくなっています（図1）（吉田、2015）。幼児期には2年生と同じくらいの多様な動きが観察され、多様な動きの経験をしていますが、幼児期から「続く」1年生は、その延長になっていない可能性が考えられます。1年生の授業内容は、幼児期の活動や幼児期の経験を踏まえて計画していく必要があります。

5　楽しく多様な運動遊びであるために

⑴　**トレーニングではなく遊びであることを意識する**
　幼児期の運動遊びにおいては、指導者に統制された活動よりも、自由な遊びの方が多様な動きの経験を多くしていることが明らかにされています（図2）（杉原ら2011）。幼児期において、同じ活動の繰り返しやある技能を身に付けようと繰り返し練習することは、結果的に偏った動きの経験にしかならず、不器用な傾向の子供を育てることになります。遊びとして行うことは、多様な動きの経験という運動面だけでなく、子供の意欲や有能感を育てることとも関係しているのです。

⑵　**子供のやり方を尊重する**
　『小学校学習指導要領解説　体育編』には、「それぞれの児童の能力にふさわしい課題に挑み」「自己の技能の程度に応じた技を選んだり」「自分の力にふさわしい動き」など、自己課題に取り組むことが示されています。体の大きさや経験の違いによって子供の能力は様々です。技能を身に付けるというと一律に同じ課題を与えることもありますが、遊びとしての活動であることを考慮すれば、決して課題は一律である必要はありません。自己課題に取り組むことは自己決定することでもあります。運動発達は運動経験に因るため楽しく繰り返し活動することを通して、結果的にできることが増えていくという立場で関わることが必要です。

⑶　**やりたくなる環境を用意する**
　多様な動きを考える際、経験の少ない動きから環境を考えることも必要です。このとき、その動きを指示してやらせるのではなく、その動きが引き出される環境をつくることで、おのずとその動きを経験させることができます。場（環境）には動きを引き出すという性質があります。高さがあればよじ登るし、とびおりるかもしれません。モノをつかめば投げたり、ふりまわしたりします。このような視点からの教材研究も必要と言えるでしょう。

（東京学芸大学教授　吉田伊津美）

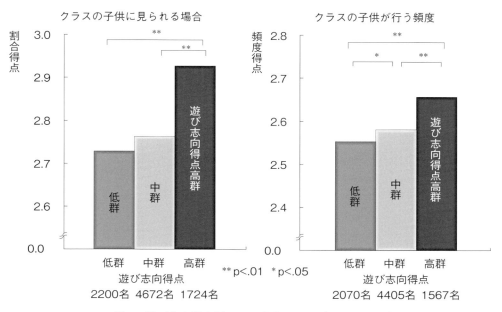

図2. 遊び志向得点別にみた動きの比較（杉原ら 2011）

園で行われている運動指導がどの程度遊び要素を持っているかを、①行う運動の内容、②運動のやり方、③ルールなどの決め方、④目標や課題の4つについて、指導者が中心から子供が中心までの4段階で回答を求めた。子供が中心であるほど遊び志向が高いことを示す。遊び志向が高いほどクラスの子供に見られる動きの割合と頻度が高い。

《引用文献》

- デシ E.L. 安藤延男・石田梅男（訳）（1980）『内発的動機づけ―実験社会心理学的アプローチ』誠信書房（Deci E.L., 1975 INTRINSIC MOTIVATION Plenum Pless, New York）
- 『広辞苑』（2008） 岩波書店、第6版
- 町山太郎・吉田伊津美（2008）「幼児の運動能力と園での好きな遊びの時間に見られる基本的動作との関連」日本発育発達学会第6回大会抄録集, 48
- 文部科学省（2012）「幼児期運動指針」
- 文部科学省（2008）『小学校学習指導要領解説　体育編』東洋館出版社
- 森司朗・杉原隆・吉田伊津美・筒井清次郎・鈴木康弘・中本浩揮・近藤充夫（2010）「2008年の全国調査からみた幼児の運動能力」体育の科学 60（1） 56-66
- 中村和彦・武長理栄・川路昌寛・川添公仁・篠原俊明・山本敏之・山縣然太朗・宮丸凱史（2011）「観察的評価法による幼児の基本的動作様式の発達」発育発達研究, 51　1-18
- 桜井茂男（1997）『学習意欲の心理学―自ら学ぶ子どもを育てる』誠信書房
- 杉原隆・吉田伊津美・森司朗・中本浩揮・筒井清次郎・鈴木康弘・近藤充夫（2011）「幼児の運動能力と基礎的運動パターンとの関係」体育の科学 61（6） 455-461
- 体育カリキュラム作成小委員会（1980）「幼稚園における体育カリキュラムの作成に関する研究Ⅰ．カリキュラムの基本的な考え方と予備調査の結果について」体育科学, 8, 150-155
- 吉田伊津美（2015）「たくさん遊んで たくさん動こう―幼児期に多様な動きを経験するために―」平成24〜26年度科学研究費補助金（基盤研究C）成果報告リーフレット

第2章

事前準備を
しよう

座談会　低学年指導の基本

▶ 低学年で運動好きにするために

白旗　低学年の体育について話をしたいと思います。体育全体の究極的な目標には、「豊かなスポーツライフ」が挙げられます。これは、小学校学習指導要領の目標の「適切な運動の経験と健康・安全についての理解を通して、生涯にわたって運動に親しむ資質や能力の基礎を育てるとともに健康の保持増進と体力の向上を図り、楽しく明るい生活を営む態度を育てる」ということの延長上に当たります。「楽しく明るい生活を営むための基盤としての体育」を考えたとき、低学年で運動好きになることは絶対的な条件です。

　もう1つ重要な資料として、「幼児期運動指針」（文部科学省、2012年）があります。ここには、幼児から低学年の時期に体を動かすということが、その後の人生にとっていかに重要なのかが述べられています。そこには、重要な視点が5点挙げられています。1つ目は、丈夫で健康な体の素地ができること。2つ目は、体力・運動能力の向上につながることが述べられています。ここまでは、誰でも思いつくと思うのですが、大切なのはその先です。3つ目に、たくさん運動することは、意欲の向上に効果があるということです。4つ目として、社会適応力が非常に高まるということです。多くの友達とたくさん体を動かして遊んだり運動したりしていた子供たちのほうが、コミュニケーション能力が明らかに高い。5つ目として、脳が活性化するということです。体を動かすときは非常に多くの脳の部位を複雑に使うそうです。特に感情や運動をコントロールするような真ん中の脳は、運動することによってしか高められないそうです。そのため、幼児期から低学年期に体を動かすことが多いほど、情緒が安定するところにもつながったり、物事を多角的に考えたり、距離感をつかんだりできるような脳をつくっていくことに効果的なのだそうです。

　一方、実際の体育の授業においては、低学年の担任の中には指導が苦手だという先生が多くいま

白旗和也
日本体育大学教授

佐藤映子
神奈川県川崎市立大島小学校総括教諭

手塚夕香
東京都中野区立中野神明小学校主幹教諭

低学年の体育授業で大切にしていること

す。ところが研究発表会などに行ってみると、意外と体育を専門としていないような先生がよい授業をしていたりするのです。

この座談会に出席している先生方も、体育を学生の頃から研究していたわけではないと思います。つまり、運動が得意であることとよい授業ができることは一致しないのです。運動ができないから指導も苦手だと思っている先生たちが非常に多いですが、実際は指導のポイントを理解し、それをどう生かせばよいかがわかれば、誰でもよい授業ができる。そういう先生たちの潜在能力を呼び起こすようにしたい、というのがこの本の趣旨なのです。

▶ 低学年の子供から感じること

白旗 では、低学年の遊びや動き、生活などについて感じることを、まず、低学年を受け持っている先生にお聞きしたいと思います。

佐藤 私は今、2年生の担任をしているのですが、本当によく外で遊んでいます。遊んでいる様子を見ていると、体育で経験した遊びを結構やっています。リレーをしたらそのときの休み時間にもリレー遊びをしていたり、鬼遊びをしていたら鬼ごっこをしたりとか、本当に体育と遊びが直結していると思っています。肥満傾向の子も、低学年だとわりと体を動かすのが好きで、ワイワイ遊んでいます。楽しんで友達と一緒に遊んでいるというのが、すごく見られます。

手塚 子供たちとの朝一番の会話は、「先生、今日体育ある？」です。「あるよ」と返事をすると非常に嬉しそうにしています。雨が降って校庭で体育ができないと、「なんだ、体育ないの〜」とがっかりしています。体育の授業が好きな子供がとても多く、授業前から、子供たちのワクワク感が伝わってきます。授業を始めるとパッと動き出します。同じ動きが続いても、飽きずにずっと取り組み、褒めてあげると、嬉しそうに繰り返します。「今の着地、すごくよかったね」と褒める

羽賀弘美
千葉県松戸市立中部小学校教諭

小濱智香
徳島県徳島市川内北小学校教諭

鬼澤陽子
群馬大学准教授

と、ひたすら続けて取り組むところが低学年らしく、すごく可愛いなと思っています。
　また、「子供たちのひらめき」には驚かされます。例えば、跳の運動遊びのときに、「なわとびと輪を使っていいよ」と言うと、こちらがイメージしている置き方と全く違う、予想外の置き方をすることがあります。その発想のひらめきは、低学年ならではだと感じています。

白旗　今の話の中で、「低学年の子供たちの様子」ということに授業づくりのヒントがたくさんある気がします。続いて、高学年の担任から見て、どんなことを低学年の授業で行ってほしいと思いますか。

小濱　高学年になっても体育は好きで、体育がある日はすごく喜んでいるのですが、そうでない子供も少し出てきます。運動が得意でないとか、できないというような意識をもってしまっている子供たちです。低学年のときに十分に遊びを経験していない子がそうなっているなと感じています。低学年のときに、逆立ちになったり、転がったり、跳んだり跳ねたりし、小さな「できる」経験を積むことで、「次はこの動きをしてみよう」という意欲も湧いてくると思います。
　高学年なので、「できる・できない」を自分の中で決め付けてしまっている傾向があります。すごく運動神経がよくて、走るのも速くて長距離も走れる男の子が、「跳び箱が跳べない」と言うのです。4段が跳べないのです。びっくりして、「なんで？」と聞くと、できないからやろうとしなかったらしいのです。でも跳び箱の練習の場や補助、動きのポイントをきちんと設定すると、すぐに跳べたのです。やはり、意欲や自信をもつことと経験することは大事ですね。だからこそ、低学年での経験は大きいのだろうなと感じています。

羽賀　運動する子とそうでない子の差というのは、顕著に表れてきます。毎日、時間を確保して子供たちに運動する場を与えないと、本当にいつまでも教室にいることを好んでしまいます。座って読書することもよいのですが、そういう子供は休みの日も家の中で過ごしていたり、あるいは塾に通ってずっと勉強していたりするというような子供が多いので、先生が運動する機会を与えることが何よりも大切です。
　肥満傾向の子についても、学年が上がるにつれ深刻ですが、そういう子供たちが頑張れるような環境をつくることが必要だし、「できたね」と一言言うだけでも目の輝きは違うと思うので、「できた」と思える積み重ねをスモールステップで行うことが大切だと思います。

白旗　一流のスポーツ選手でも「私、前転ですら自信がないんです」と言う方もいるくらいです。能力の問題ではないですね。

佐藤　野球などをやっている子供は水泳が苦手で、その水泳が苦手なのを隠したがる。友達にできないところを見せたくない。だから余計にできなくなってしまう。小濱先生が言うとおり、低学年の時期にいろいろな運動を経験させておくのは本当に大事なのだろうと思います。

▶ 体育授業で求められる教師を育てる

白旗　次に、教員養成をしている立場として、教育学部の学生を見ていて最近感じることをお願いします。

鬼澤　今、先生方から、幼児期や低学年での遊びの経験が中学年・高学年での運動につながるというお話がありましたが、子供時代の運動経験の差は、そのままでは大人になっても埋めることは難しいと思います。

実際、私が担当する小学校教員養成課程の授業には、ワンバウンドのボールがキャッチできない学生がいます。そのような学生から話を聞いてみると、「ゲームではいつも一度も自分にボールが回ってこなかった」「ゲームでチームの迷惑にならないように、ボールから一番遠いところに動くようにしていた」など、過去に苦い経験をもっているケースが多くあります。小学校の頃のつまずきがそのまま大人でも出現するのを目の当たりにすると、子供のときに多様な運動感覚を身に付けることの重要性を強く実感しています。

　そのため、大学では「教師」を目指す学生に対しては、「指導」についてしっかり教育していかなければなりません。先ほどの白旗先生から「運動が得意＝指導力ではない」というお話がありましたが、指導にはノウハウがあり、そこに学ぶべき内容があるわけで、大学としては、そこのところをしっかり教えていくことが重要だと思っています。このことをしっかり学ばないと、どうしても自分の子供時代の経験に引っ張られてしまいます。子供時代の「教わる側」から、教師として「教える側」に変わることを認識させ、目の前の子供たちを「どのように伸ばしていくのか、伸ばせるのか」は、教師にかかっているということをしっかりと認識させて、教員養成をしていきたいと考えています。

▶ 低学年の体育授業の難しさ

白旗　ここからは、具体的に授業の話に入っていきたいと思います。先生方は、授業をどのようにつくったらよいのだろうと、具体的なところを悩んでいると思います。
　低学年の指導はとても難しいものです。低学年の発達の段階を理解していないと、授業もうまくいきません。そこでまず、低学年特有の授業の難しさについて小濱先生お話しください。

小濱　低学年を受け持つ初任の先生に、何が難しいかを聞いてみたら、授業の流れをどうしたらよいかがわからないと言っていました。その先生の授業は、「準備運動・ランニング→本時の学習内容を伝える→運動させる」というような流れなのですが、「果たしてこれでよいのだろうかと」すごく悩んでいました。私も以前はそのような流れで指導をしていたので、皆、悩むところは同じなんだなと思いました。

　十分な運動時間を確保することは大事なことです。低学年の子供たちなので、自由にさせておいたら、いくらでも走り回るし動き回るし、運動時間は十分に確保できるとは思うのです。しかし、運動時間を確保する中で、動きの質も高めなければいけないし、学習としても成立させないといけません。途中で振り返りを入れたり、真似っこをしたり、友達を見て、「ああ、こういう動きもあるんだ」と自分の動きに取り入れたりするなど、思考し判断する場面も設定することが大事だと思うのです。

　それは全ての運動領域に共通すると思うので、そういう場面を上手に組み込みながら、運動時間を確保していかないといけないのだろうと思います。また、低学年のうちに運動への自信を付けさせたいなと思います。小学校で自信をもつと、中学校・高校で背が伸びたり、筋肉がついてきたりするなど、体が成長してきたときに、「運動って楽しかったよな」と思うと、何か運動に挑戦しようとか、社会人になっても運動したいというような思いが出てくると思います。それが、「生涯にわたって運動に親しむ資質や能力」の育成にもつながるのかと思います。小さい時期の運動への自信を付けるためには、先生がきちんとその子供を見て褒めるというのが大事だと思います。

白旗 今、十分な時間の確保だけでなく、「動きの獲得」「小さいうちの自信」といったキーワードがありましたが、その他に、マネジメントや場づくりなどについては佐藤先生、どうですか。

佐藤 自分が最初に低学年の授業を行ったときは、特に跳び箱遊びやマット遊びでは、準備と片づけだけで45分が終わってしまうぐらい、うまくいきませんでした。なぜなら、場の図を提示したり、何人組で運ぶということを子供たちに伝えたりしていなかったからです。そのときの経験から、まずは子供たちに準備と片づけを上手にさせようと考えました。

現在は、子供たちに運ばせるときも、跳び箱に番号を付けたり、体育館のマットの位置に印を付けたりするなどしています。本当にちょっとした工夫ですぐに子供たちは上手にできるようになるので、同じ低学年を受け持つ同僚には、まずはそういう工夫をするよう伝えています。

また、低学年の場合、集合にも時間がかかるので、4月の最初に、「サイン」で集合の際のルールを決めました。私がグーを出していたらチームで集まる。チョキを出していたら、チョキの指の数が2本だったら2列、4本だったら4列で並ぶ。パーだったらばらばらに私の近くに来るということの理解を図りました。並ばせ方と体操服の身だしなみといったことは6年間続くことなので、特に1年生での最初の4月は、すごく大事にしています。

白旗 マネジメントができないと怪我が起きるのと、無駄な時間が増えてしまいますよね。きちんと教えるべきところは教えるということですね。

では、授業を計画する際に、何をよりどころにして、どんな手順で授業を考えていったらよいのでしょうか。

手塚 まずは学習指導要領解説を読み込みます。解説を読み込んだ上で、具体的な活動をイメージしていきます。そこでは、最初に単元のゴールを確認し、次に自分の学級の実態を把握します。例えば、運動の得意・不得意や運動経験などです。その実態をもとに、身に付けさせたい力を明確にした上で、取り組む動きを考えて1時間ごとの授業を組み立て、単元のゴールに向かいます。つまり、学習過程全体の骨組みをイメージしておかないと、1時間1時間をしのいでいくということになってしまいます。

学習指導要領解説や文部科学省の学校体育実技指導資料などを読むと、各領域の授業をどのように進めていけばよいかがわかります。解説がボロボロになるぐらい、読み込むことが大事だったのだなとようやく気が付きました。

白旗 私もつくる側の立場になって、学習指導要領や解説がこんなこだわりがあってつくられているのかと、改めて感じました（笑）。

だいたいの学習の流れが決まってきたら、次の中心は教材になります。

鬼澤 低学年の子供たちは、体育館や校庭に出ると、すぐに動き出します。すぐに夢中になれるのが低学年の良さだと思うので、子供たちには楽しく夢中に遊ぶ中で、いろいろな動きを経験してもらいたいと思っています。ただ、教師から見ればそこには、「学習内容」があるわけです。だからこそ、子供たちが夢中に運動遊びをした結果、「できるようになった」となるのです。

教材については、教師がいろいろと細かく決めるのではなく、枠組みを決めて、はじめはシンプルな形で提示するのがよいと考えます。その後、子供たちの動きに応じて、その枠組みを柔軟に変えていくわけです。例えば、「たくさん得点できるようになってきたね。次は、どうする？」といった発問で子供たちとのやりとりを通して決めていくことで、子供が自らのアイデアで遊びをつくっていると思えるようにすることが、低学年の教材の場合は必要だと思います。

文部科学省から出されたデジタル教材も、子供の動きや意欲の高まりからゲームを変えていくという形になっています。

白旗　低学年は運動をしていれば夢中になってすごく喜んでやるので、よい授業ができたと思いがちです。しかし、指導の押さえどころをつかんでいないと、その先に積み上がっていきません。評価やまとめがとても重要です。

羽賀　低学年の子供はとにかく認めてもらいたいという欲求があるので、まずは「ああ、すごいね、できているね」と褒めていきます。そして、褒めたことをクラスに広げるような手立てが必要だと思います。できている子、新しい動きを発見した子、他の子のお手伝いをしている子など、これからクラスに広めたいというような動きを取り上げたり、みんなの前で見せてあげたりする機会を保障することが大事です。

　一方、全ての子供を評価し続けることはなかなかできないので、友達同士の関わりを少しずつ増やし、少しずつ輪を広げていくことも大切です。まとめの段階では、学習カードで1つ1つシールを貼って、そのときに「できたね」と声をかけることを意識しています。最後にみんなで「できた」と実感をもったり、「もっとやってみたい」と子供から声があがったりするような振り返りが望ましいと思います。

▶ 授業の導入部分についての工夫

白旗　私が低学年の授業を見る際のポイントの1つが、準備運動です。よく見かけるのが、体育館に子供を集めて先生が、「じゃあ今日は○○をやるからね」と板書を見せながら、しばらく説明するという導入です。それよりも説明の前にすぐに運動をすることで運動欲求を満足させて、「この後、何やるんだろう」と期待できるようにして、それから学習に入っていくという流れがふさわしいと思うのですが。

佐藤　私も準備運動から始めます。その準備運動も、主運動につながるものを行います。例えばボール投げゲームだったらすぐ外に出て、ボールを1人1個もって音楽をかけて、そのボールを使ってみんなで遊ぶのです。その後すぐに集合して、主運動に入っていくという形です。ゲームをしたり、体じゃんけんをしたり、心と体がほぐれるようにとにかく遊ばせます。先生が遊びを2つぐらいやったうちの1つが走り回るものだったら、もう1つは本時につながるようなゲームをします。表情もだんだん柔らかくなってくるので、ノリノリでやれるようになってきますね。形式的な屈伸とか伸脚といったものはやりません。低学年の子供はもともと体が柔らかいし、しなやかに動きますので。

白旗　低学年は、生理的運動欲求段階と呼ばれることがあります。つまり、運動したいという欲求は、眠りたいというのと同じぐらいのレベルだということです。だから、体育館で運動したいと思っているのに、先生がそれを止めていろいろと話してしまうと、早く運動したいという欲求を抑制してしまいます。だんだんと姿勢が崩れてきて、先生が「ちゃんとしなさい」と叱って、関係が悪くなってしまったという経験がある方もいるでしょう。まずは、子供を満足させてあげることが大切です。

▶ 実践事例・執筆者のこだわり

白旗 よい授業をつくっていくためには、子供が夢中になる仕掛けが重要だと思います。次に、皆さんそれぞれに自分が執筆した内容についてアピールをしてください。領域の特性を生かしながら、2年間の見通しをもって作成されています。

佐藤 体つくり運動は、先生方にとってとにかくわかりづらい。そういう先生方のために、この本を読めば、1時間の進め方や動きの工夫がわかるという例を掲載しています。場づくりや用具の扱い方などのアイデアも数多く載せました。

2年生では、お店屋さんごっこという遊びを紹介しています。お店屋さんごっこというのは、1、2年生で積み上げてきた多様な動きをつくる運動遊びの最終形として、自分たちがつくった、工夫した動きを今度みんなにお店屋さんのように紹介して、「僕たちのフラフープランドのお店に来て」といった感じで一緒にやるという形をとっています。子供同士の関わりや友達からの認め合い、教師からの褒める言葉なども付け加えました。とにかく体つくり運動では、楽しく体を動かしながら運動感覚や動きが身に付くことを目的とした授業をしてほしいと思います。

羽賀 握力が3kgしかないような子供たちが、続々と入学してくる時代になっています。私は鉄棒を使った運動遊びを執筆しましたので、特に「握る」という感覚をしっかりと身に付けることを大事にしました。いきなり鉄棒でなくても、ジャングルジム、雲梯も肋木ものぼり棒もあります。いろいろな固定施設を使いながら準備運動をしていけば、握力がゼロに近い子供も最後は自分の体を支えられるようになるし、腕支持もできるようになってきます。それには多くの場で「できた」という積み重ねが大事だと思います。準備運動で固定施設を使いながら、握るとか腕支持、逆さ、振って下りるというような感覚を大切にしてほしいという思いで執筆をしました。

それから高学年に上がることも考慮し、小さな成功体験や達成感が、スモールステップで進んでいくといいなと思います。本書では、1人でできる遊びとペアで関わり合いながらの遊び、グループでゲーム化しながら楽しくできる遊びという構成になっています。

手塚 私は、跳の運動遊びを担当しています。本書では、「シンプルな場」をコンセプトにしています。学校にあるもので用具の準備ができ、1時間の学習展開もシンプルにしています。シンプルですが、学習指導要領に載っている身に付けさせたい力に、十分迫ることのできる授業展開を考えて執筆しました。子供たちは運動をしながら、自然に動きを工夫しています。そこが低学年独特の思考の広がりだと思います。まずはやってみる。それで、気付く。タイミングを逃さずに言葉かけを行い、動きを広めていくなど、思考の広がりについても考えています。また、1年生と2年生という2年間のスパンについても考えています。1年生のゴールと2年生のゴールは違います。1年生と2年生の発達の段階を踏まえ、動きや思考の広がり方も考えて、2年間の中でどう授業を進めたらよいかを考えて執筆しました。

鬼澤 私はゲーム領域を執筆しました。先ほど、「低学年の子供は、意欲はあるけれど、飽きっぽい」という話がありました。1単元の中にたくさんのゲームを位置付けた授業を参観する機会がありましたが、そのような授業では規則を理解したと思ったら次のゲームに移るため、動きの深まりは期待できません。低学年のゲーム領域では、ルールを理解した後に、「動きを高める」「動きを工夫する」までを学習内容として取り上げるに当たり、特に、ゲームのルールをシンプルにするこ

と、それを数時間継続する単元計画にしました。ゲームのルールを「シンプル」にするというのは、子供が工夫できる余地があり、また、教師も指導できる余地があるものという意味です。つまり、子供が夢中になって取り組み、教師の指導によって、子供たちの動きがより高まることで、成功体験や達成感が増え、子供がより夢中になっていくというサイクルを生み出すことが重要だと思います。

　ゲーム領域は、集団対集団というのが1つの特性だと思います。しかし、低学年ということを考慮すると、チームプレーを前面に出すよりは、まずは「自分1人で頑張ってみよう」という段階があってよいと思うのです。例えば、「どうすれば鬼をかわせるか」とか、「どうすれば的を落とせるか」といった課題に、1人1人を向き合わせる。どうしても個人でうまくいかない場面が出てくるので、そこで初めて、「2人で協力したらできるかな？」というように仲間やチームでの協力が必要になってくると思います。つまり、チームのために自分が犠牲になるのではなくて、「自分ができるようになる！」「自分が得点を取りたい！」という気持ちを生かして、そのためにチーム力を活用するという形でチームとして育ってもらいたいとの思いを込めて、執筆しました。

小濱　私は、表現遊びについて、とにかく見てわかりやすいようになったらいいなと思って、イラストをたくさん入れ、イメージできることを心がけてつくりました。

　表現遊びは、特にウォーミングアップが大切になってきますので、そのときのネタというか、どんな遊びがあるのかということで、自分が実際に授業を行う中で子供たちがすごく楽しんでいたものを載せました。

　また、言葉かけに重きを置いています。子供たちが動けるようになるためには、いくら低学年とはいえ、いきなり「じゃあ、キリンになってごらん」と言ってもキリンにはなりにくいですよね。なれる子供はなれるけれども、奥手な子供はなりにくかったりします。その際に大切なことは、その動きを引き出すための先生の言葉かけです。どういう言葉かけが必要なのか、いくつか具体的に書かせてもらいました。例えば、難しすぎず30秒程度のお話みたいなまとまりのものをいくつか載せました。そのとおり言ってもうまくいかないかもしれませんが、まずやってみてください。そして、クラスの実態に合わせて、柔軟に変えていただければと思います。

　また、全ての活動において褒めることが大事だとすごく思っています。運動が苦手な子供や不器用だけれども動くのが好きという子供などが低学年にはいると思います。表現リズム遊びはそうした子供たちにとても合っています。よい動きが様々にあるため、認められる喜びを感じやすいからです。毎回1人1人全員に「～なところがよかったよ」と声をかけるのは難しいと思うのですが、特に少し苦手だと思っている子供や不器用そうだなという子供には、意識して声をかけ褒めてあげるのが自信につながります。そんな思いを込めて仕上げました。

白旗　今日はここまで、低学年体育の難しさや特有のコツについて話をしてもらいました。低学年での運動との出会いの大切さについては、繰り返し話に出てましたが、低学年体育の場合はそんなに高い運動技能などは必要ないので、ツボさえ押さえてやれば間違いなく子供たちからいい笑顔をもらえます。子供たちの笑顔が先生たちの活力になり、それがよい授業につながっていきます。そんな授業を目指す上でのヒントになる本になることを願っています。本日はありがとうございました。

（平成27年3月30日収録）

1 授業のための情報を集めよう

情報収集のポイントは3つ！！

　授業を組み立てる上で、授業のための情報を知るということは必要不可欠です。特に、以下の3点についての情報を集めれば、楽しい授業づくりの土台となると考えられます。

(1) 何を教えたらいいの？

　ここでは、「器械・器具を使っての運動遊び（マットを使った運動遊び）」を通して考えてみます。まずは、その単元を通して、何を教えたらよいかを知ることから始めます。『小学校学習指導要領解説　体育編』では、内容の構成が低・中・高学年の3段階で示され、それぞれ2年間を通して教える内容となっています。これは、各学年での運動の取り上げ方や年間計画においても弾力をもたせることができるようにするためです。

※つまり、授業の見通しをもつことが大切！

　例えば、前転がりは「片手で着手するのか、両手で着手をするのか」「坂道・凸凹・曲がり道など、どんな場でやるのか」「どんなストーリー性をもたせるか」など、授業全体の見通しをもつことが大切になります。特に、低学年においては、遊びの中で様々な運動を経験することが強調されています。そのため、テーマ設定や場づくりが重要な要素になってきます。技能指導だけにこだわる授業にならないようにすることが大切です。

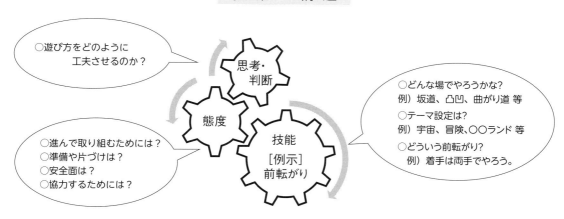

授業の構造

POINT!! 3つの指導内容を身に付けるために、どのような指導計画を立てるか考える

低学年
・いろいろな方向へ転がる
・手や背中で支持する
・支持しての逆立ちをする
例示）前転がり、後ろ転がり

中学年
・基本的な回転技や倒立技に取り組む
・自己の能力に適した技に取り組む
例示）前転、後転、壁倒立

高学年
・基本的な回転技や倒立技を安定して行う
・発展技に取り組む
・技を繰り返したり組み合わせたりする
例示）安定した前転、後転

※「器械・器具を使っての運動遊び（マットを使った運動遊び）」『小学校学習指導要領解説　体育編』より

(2) 子供から見た特性とは？
　⇨子供の実態を考慮して、子供側から運動の楽しさや魅力をとらえ直すもの。

　子供にとって、運動の『楽しさ』とは何か、『阻害要因』とは何かを考えることが大切です。教師は、子供が感じる楽しみを取り入れながら、阻害要因を感じさせない仕掛けをしていきます。夢中になって取り組んでいるうちに「（いつのまにか）できた！」という言葉をたくさん聞くことができたら、それは1つの成果です。様々な角度で子供から見た特性を考えるということは、教材や場の工夫にもつながっていきます。
（例）「マットを使った運動遊び」の場合
楽しさ：様々な動きができた、友達と仲よく運動できた、普段やらない動き（回転、逆さ）をした。
阻害要因：うまくできない、高いところが恐い、足や手が痛い。これらをいかに取り除くかがポイントです。

(3) 子供たちは今、何ができる？
　はじめに実態を調査（事前調査）することにより、「今、子供たちは何ができるのか」ということをとらえることができます。そうすることによって、目の前の子供たちに教える内容がはっきりします。また、事後調査をすることにより、学習内容が身に付いたのかを確認することができます。調査することが難しい場合は、クラスの子供たち全員に聞いてみるだけでも構いません。
　①情意面の調査：（例）「マットを使った運動遊び」の場合
　　○体育は好きか。
　　○器械・器具を使っての運動遊びは好きか。
　　○好きな器械・器具を使っての運動遊びは何か。
　　○器械・器具を使っての運動遊びで嬉しかったときは、どんなときか。
　　○器械・器具を使っての運動遊びで嫌だったときは、どんなときか。
　②技能面の調査：（例）「マットを使った運動遊び」の場合
　　○ゆりかご・前転がり・後ろ転がり・かえる倒立（10秒）等に取り組み、できばえを見る。

2 単元計画を立てよう

....
単元計画を立てるための4つの流れ
....

① 2年間の指導内容を知る。
② 教える内容を把握する。

> 学習指導要領に載っている内容を基本に、実態に合わせて計画を立てる！

③ 1年生では何を教えるのか。
　2年生では何を教えるのか。

系統性を考慮し、各学年において教える内容を明確にする。
※全校で系統性を共通理解しておく。

④ 各学年でどのように授業を進めるか検討する。

> 1人で悩まないで！学年の先生と考えよう！

※特に「教える内容＝指導内容」については、技能だけでなく、態度、思考・判断についても学習指導要領解説等で確認しておきましょう。

....
1年生は『経験する』、2年生は『高める』が中心
....

1年生では、遊びの中で多様な動きを「経験する」ということが大切です。基本の動きを教師が紹介しながら、様々な運動を幅広く取り組めるように単元計画を立てていきます。

2年生では、1年生で学んだ運動を自分で選択したり組み合わせたり考え出したりして、身に付けた力を「高めて」いきます。

1年生		2年生	
第1〜5時	第6〜7時	第8〜10時	第11〜15時

『多様に動きを経験する』

『経験した動きを高める』

「多様に動きを経験する」
○易しい動き（例：支持での川跳び）
○基本的な動き（例：壁登り逆立ち）
○1時間の中でたくさんの動き
○教師が技を提示する
○1つ1つの動きを確認しながら

「経験した動きを高める」
○複雑な動き、難しい動き
　（例：壁登り逆立ちをしたまま横に移動する）
○基本の動きを使って、自分で選択したり組み合わせたり、考え出したりする時間を多く設ける
○用具を選ぶ（用具の向きを変えてみる）

(例)「器械・器具を使っての運動遊び(マットを使った運動遊び)」
1年生の場合

時間	感覚づくり	『多様に動きを経験する』	『経験した動きを高める』
1		オリエンテーション	
2	・クマ歩き	・無重力マット (例 A)	・無重力マット (例 A)
3	・アザラシ	・スタータッチ (例 B、K)	・スタータッチ (例 B、K)
4	・ワニ歩き	・ブラックホール (例 C、N)	・ブラックホール (例 Q)
5	・支持での川跳び	・流れ星 (例 D、M)	・流れ星 (例 D、I、P)
6	・手押し車	・レーザービームマット (例 E)	・レーザービームマット (例 J)
7	・かえるの足打ち ・かえる倒立 ・ゆりかご ・だるま ・えんぴつ転がり	・天の川マット (例 F、G、H)	・天の川マット (例 F、G、H、O)
8		発表会	

学習のねらいや進め方、準備や片づけ、グループ分け、約束事を確認しよう!

ドリル学習は、8個前後考えよう!習熟に合わせて4・5個ずつ選んでやろう!

運動遊びのやり方が簡単でわかりやすい教材をつくろう!

最後の時間は、発表会やゲーム大会・記録会等をしよう!振り返りも忘れずに!

※感覚づくり

クマ歩き:手足をつき、腰を高く上げて四つん這いになって進む。

アザラシ:腰から下の力を抜き、足を伸ばしたまま腕の力だけで進む。

ワニ歩き:マットに腹がつくくらい腕を曲げて、ワニのように前に進む。

かえるの足打ち:両手をマットにつき、振り上げた両足をたたく。

かえる倒立:両手をマットにつき、掌全体で体重を感じながら安定して体を支えられるようにする。

ゆりかご:膝を抱えて、ゆっくり大きく前後に揺れる。背中を丸めて、尻・背中・首の順で転がる。後ろに転がる際は、頭がマットにつかないようにする。

だるま:膝を曲げ、足の裏を合わせて座る。手で足の甲をもちながら、尻を軸にして様々な方向に回転する。

かえる倒立

3　教材を用意しよう

....
教材づくりの3つのポイント
....

まず、教材とは何か？
⇨子供が学習しやすいように工夫された学習材。
⇨子供が楽しみながら、多種多様な運動感覚や技能を身に付けることができる学習材。

(1) 5つの流れで考えよう

テーマ
- 子供が『楽しむ』『意欲的に取り組める』『夢中になる』
例）1年生「マットを使った運動遊び」〜ワクワク・ドキドキ！宇宙大冒険!!〜

見立てる
- テーマに合ったものに見立てる
例）マットの上を**無重力状態**だとイメージして、逆立ちをさせたい。（例A）

目標
- 子供にもわかりやすい目標を立てる。
例）腕支持感覚を付ける→ふわふわ浮いて他の星に行こう。
そのために、足を高く上げて　腕を真っ直ぐに伸ばし　逆立ちをする動きが必要。

ポイント
- 子供が何を目指したらよいかわかりやすいようにポイントを考える。
- 壁に地球（青）、月（黄色）、太陽（赤）の絵を貼り、足がだんだん高くなるように指示する
- マットに壁側から、青黄赤の順にカラーガムテープを貼り、手を置く位置の目標をつくる。
- マットの上に、エイリアンの絵を置き、目を合わせることで、目線を上げられるようにする。

安全
- 子供が運動するときに、危険がないような工夫をする。
- 身重差があると壁の掲示物には足が届かない場合もあるので、マットにも目標の線をつくる。
- 少しずつ壁に手を近付けられるように、3段階の目標をつくる。

(2) 忘れちゃいけない！次はどうする？

　1年生と同じ教材を使って、2年生では経験した動きを高められることが望ましいでしょう。2年生では、逆立ちのまま横移動をしたり、お手玉を避けながら横移動したりする活動を視野に入れています。

(3) ひと工夫でみんなが楽しく！

　マットだけでなく、壁にも目標物を掲示すると、足の高さを見て、声をかけられます。子供が見てすぐわかるイラストや色分けをしてレベルが一目でわかると共通理解しやすくなります。

> **POINT!!**
> 「全ての教材を青→黄→赤の順で難易度を上げる」などの統一性があると、よりわかりやすい！

32　第2章　事前準備をしよう

☆他にも考えてみよう

スタスタ！スタータッチ（肋木）（例B）
　肋木の柱部分に高さによって3色に色分けした星形のシールを貼って、星にタッチしながら肋木を移動します。2年生では、目標時間や回数を設定して行います。
【目線・手・足を進みたい方向に動かす。しっかり棒をつかむ】

例A（無重力マット）

おちたらドボン！ブラックホール（腕支持・バランス感覚）（例C）
　平均台をT字に置き、腕を使って平均台の上を歩いたり、平均台（高さ）や床のライン（幅）からはみ出さないように歩いたりします。2年生では、高さや幅を変えたり、平均台を登ったり降りたりします。
【落ちないように腕を大きく広げる。直線や曲線、直角など様々な道を選択して進む】

例B

ピョンピョン　流れ星（腕支持感覚）（例D）
　跳び箱の幅で3色に色分けした星の上に手を置いて、うさぎ跳び・川跳びをします。2年生では、飛び越える幅や高さをマットや平均台を使って変えて行います。
【腰を高く上げて、跳び越える】

例C

あたっちゃだめよ！レーザービームマット（腕支持感覚）（例E）
　高さによって3色に色分けしたゴム紐をコーンに付けて、飛び越えたりくぐったりします。2年生では、紐の高さを見て、「くぐる」「跳び越える」を自分で選択していきます。
【ゴム紐に当たらないように、低い姿勢でくぐったり、リズムよく跳び越えたりする】

例E　　　　例D

くるくる天の川マット（回転感覚）（例F・G・H）
　2年生では、場の特徴から自分で技を選んだり、マットを直角やジグザグに置いたりします。

カラーテープを貼って細道。はみ出さないように、真っ直ぐ転がる。幅の狭いマットを上に重ねても◎

例F

踏切板を下に敷いて、坂道。傾斜を使って、勢いよく転がる。

例G

跳箱調節器を敷いて、でこぼこ道。坂道や曲がり道で、工夫して転がる。ペットボトルやお手玉を置いても◎

例H

4 場の設定を考えよう

低学年の場の設定を考える5つのポイント

　低学年の段階では、様々な運動を経験した上で、無理なく高めることが大切です。夢中になって楽しく活動しながら、多様な動きを経験したり、経験した動きを高めたりしていける様々な場を設定していきます。1年生の「マットを使った運動遊び」の単元を例に、ポイントを紹介します。

⑴　できるといいな、こんなこと！
　場の設定を考える上で、その授業の単元で、どのようなことを身に付けさせていくのかを理解することが大切です。「マットを使った運動遊び」の単元の場合、身に付けさせていく運動感覚は、腕支持感覚・逆さ感覚・回転感覚です。この3つの運動感覚が体験できる場を設定していきます。

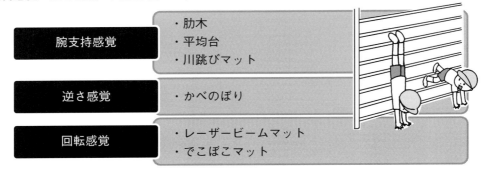

⑵　どこにいても、ちゃんと見てるよ！
　子供が安全に運動できるように、教師がどの場所にいても全ての子供を観察できるような場の設定を考えることが大切です。指導をする際には、全体を把握できるようにすることが大切です。体育館の中央に居すわってしまうと、背中側の子供の様子が全く見えなくなってしまいます。子供たちが安全に気を付けて活動しているか、観察していきましょう。

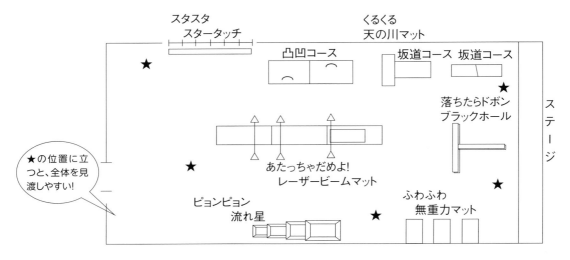

(3) これも、あれもできるかな？

　運動が苦手だったり、恐怖心があったりする子供でも、「できた」「楽しかった」と思えるような易しい場を設定することが大切です。

　そのために、子供に遊び方をはっきりと理解させるために、それぞれの場にポイントとなる言葉やイラスト等を掲示しておきます（右図）。掲示物を見れば、どんな運動をすればよいかが明確になり、何をしたらよいのかという余計な迷いをなくし、夢中になって運動に取り組むことができます。

POINT!!
ポイントになる言葉などを書いておくと、子供同士の声のかけ合いにもつながる！

(4) みんなで一緒にできるもん！

　低学年の子供でも、短時間で、安全に準備・後片づけができるように場を考えます。また、準備や後片づけが仲よくできるようにするため、次のような工夫が考えられます。

- マットを置く場所を示したラインテープを貼っておく。
- 準備する場の写真や図を体育館に掲示しておく。
- マットの大きさに応じて、どの部分を、何人でもてばよいのかを指導しておく。
- 準備や後片づけにかかった時間を計り、「みんなで力を合わせて、素早く準備しよう」と意識させる。

(5) こんな世界があったらいいな！

　ストーリー性をもたせてその世界に入り込ませることは、低学年の子供たちの意欲を高めることに非常に効果的です。教師自身もその世界に入り込んだり、そのストーリーに合わせた用具などを工夫したりすることが大切になってきます。

（例）テーマ「宇宙大冒険」

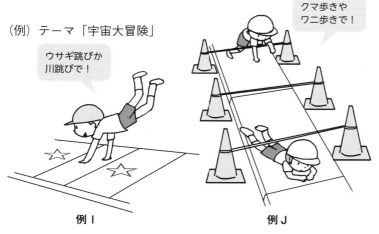

例I
※星をまたいで、大きくゆっくり渡り歩こう！

例J
※敵からのレーザービームをよけながら進もう！

例K
※たくさんの星を素早く集めよう！

4　場の設定を考えよう

授業を組み立てる

5　授業の山は2つ

授業の山場…ステップアップできる山を考えよう！

(1) 多様に動きを経験する

　ここでは、安全に運動するきまりを守りながら、腕支持感覚・逆さ感覚・回転感覚をたくさん体験できるように、いろいろな場を設定します。子供たち全員が同じ課題をもち、共通の動きを楽しみながら活動できるように工夫します。

　3つの運動感覚を体験できる場をいくつか設定し、それぞれの場ではどんな遊びをするのかを理解させていきます。グループをつくり、ローテーションを組み、1人1人が全ての場を体験できるようにしていく必要があります。

――― やってみる！ ―――

転がりマット

①細道は、前転がりで！
②坂道は、後ろ転がりで！
③でこぼこは、えんぴつ転がりで！

例L

手立て：「勢いをつけてころがってみよう」と声かけを！

――― 1人で進む！ ―――

ウサギ跳び

①両手を前につく！
②腰を上げて足は手より前に着地！

例M

手立て：手と足を着く位置にマークを付けてあげよう！

――― 1人で進む！ ―――

平均台

①渡り歩きをする：両手を広げてバランスをとって。
②後ろ向きに進む：低い場所で、少しずつあわてずに。
③腕支持で進む：落ちないように気を付けて、両手をつきながら。

手立て：平均台の下に、落ちてもよい島をつくってあげよう！

例N

> 「楽しい！」「もっとやりたい！」
> 「みてみて、できたよ！」
> そんなふうに思える工夫を！

(2) 経験した動きを高める

　ここでは、経験した動きを生かして、さらにレベルアップしたマット運動遊びをしていきます。今できる動きをより高めていくために、子供1人1人が自分の課題をもち、それぞれ違った動きを楽しみながら行っていきます。動きを工夫していったり、組み合わせたりして、自分で考えながら運動遊びをしていくものや難易度を上げたものに挑戦していきます。また、友達と一緒に楽しめる場などを入れると、夢中になって遊ぶことができます。

―― 自分で思考し、選択する！ ――

転がりマット

例O

細道、坂道、でこぼこ道を前転がり・後ろ転がり・えんぴつ転がりの中から選択して進んでいく。

手立て：「坂ややでこぼこでは、どこが転がりやすいかな？」と声かけを！

―― 難しいものに挑戦！ ――

川跳び

例P

手を跳び箱について、腰を高く上げ、反対側に跳び越える！

手立て：跳び越せない子には、跳び箱に乗ってから、降りてもよいことを伝えよう！

―― 友達と一緒に進む！ ――

平均台

　友達と一緒に声をかけ合いながら、進む！

手立て：リーダーに「せーの！」と声をかけさせよう！

　川跳びで両手をついて、ジャンプして反対側へ

手立て：例Pができた子がチャレンジできるようにしよう。無理はさせないようにしよう！

例Q

他にも…
・用具を変える
・配置を変える
・時間を変える
などの工夫も考えられる！

5　授業の山は2つ　37

6 授業に必要な7つ道具

(1) ストップウォッチ

記録をとるために使うことはもちろん、授業を行う上で、テンポよく進めていくために使用します。そのために、まず授業の時間管理をしっかり行いましょう。

また、時間を計ることで子供の意欲を高めることにもつながります。例えば、準備や片づけを早く行うために時間を計って意欲を高めることができます。

1年生の初期段階では、時間を計って集合や整列をすることで、楽しみながらゲーム感覚で体育科の授業の規律を身に付けることができます。

(2) 移動式黒板

授業では課題を的確にとらえ、そのためのポイント等を確認することが大切です。そのときに有効なのが、この移動式黒板です。国語や算数と同じように、体育でも学習課題があり、はじめにそれを確認します。授業の終わりには、その課題が達成できたかを振り返ることも必要となります。そのため、学習課題やポイントを模造紙等にまとめて掲示するとわかりやすいでしょう。また、小黒板（B4判のホワイトボード等）は作戦盤として役立ちます。

さらに、単元計画も掲示すると、「次の時間にはどのようなことをするのか」「発表会までの練習はあと何回だ」など、子供が見通しをもって取り組めるようになります。場の全体図や用具の配置図を掲示しておくと、準備や片づけに進んで取り組むきっかけづくりにもなります。

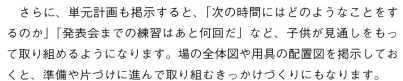

(3) ICT機器

デジタルカメラ・ビデオカメラ・タブレット端末などのICT機器を活用することで、子供のやる気をぐっと引き出せます。練習前後の動きを自分で見て確認することで、「もっとここに気を付けよう」「次はこうしてみよう」という意識を高めることができます。タイムシフト再生を活用すると、撮った動画が数秒後に自動再生することもできます。

また、動きのポイントを写真に撮り、掲示物にまとめると、子供にわかりやすく伝えることができます。特にタブレット端末は、その場ですぐに再生できるため、とても有効です。

⑷ コーン

　コーンは、どの学校にもある用具の1つです。スタートやゴールなどのラインの目印に使えるだけでなく、ゴム紐を付ければハードルや高跳びの練習に使うこともできます。さらに画用紙を両面に貼り、掲示板として活用することもできま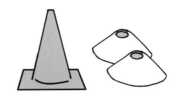す。走・跳の運動遊びでは、様々な大きさのコーンを地面に置いて障害物として活用することもできます。ストーリーに合わせた絵を貼ると、より世界に入り込むようになります。また、マーカーコーンは通常のコーンよりも小さく、低学年にとって持ち運びが簡単です。ラインとしても活用できます。トラックのライン上に置けば、カーブを走る練習にも使えるので便利です。

⑸ 笛（リズム太鼓）

　笛は、子供たちに集合や始まりの合図を出す際に使用します。声が聞き取れないということもあるため、「1回鳴らせば、集合」「2回鳴らせば、止め」など、それぞれの学級でルールづくりをすると、より活用できます。また、低学年の子供にとって、笛の音が大きいのではないかと気になるときには、リズム太鼓を使うと音が柔らかくなります。また、リズム太鼓なら、スキップのリズムやかけ足のリズムを太鼓の音で表すこともできます。クラスの実態や単元に合わせて使い分けるとよいでしょう。

⑹ ビブス

　ビブスは、チーム分けをするときによく使う用具の1つです。帽子の色だけでなくビブスがあることで、遠くからでもチームの仲間を見分けることができます。低学年の子供にとって、動きながら仲間を見分けるのは難しいこともあるため、視覚的に色で判断できるのは、授業を円滑に進める手助けとなります。

　さらに、ビブスを着ることで子供たちのやる気がどんどん出てきます。ビブスを宇宙服に見立て、宇宙飛行士になりきれば、授業がもっと楽しくなること間違いありません。

⑺ CDラジカセ

　低学年の子供にとって、音楽は気分を盛り上げたり、楽しく活動したりすることに効果的です。それだけではなく、テンポよく授業を進めるための活用方法もあります。活動させたい時間に合わせて音楽を区切り、曲を繰り返したり、変えたりします。曲の変わり目を合図にして次の活動に移ることで、子供の動きを止めずに進められます。また、全体への指示が減るため、教師も時間にとらわれずに指導に集中することができます。

1 準備運動からスタート

準備運動は、楽しさの準備

　準備運動は、子供たちの活動の入り口です。そこで、考えなければいけないことは、「準備運動は、楽しさの準備」ということです。楽しく授業を行っていくためには、「準備運動」についても様々な工夫が求められるのです。

(1) 主運動につながる準備を

　本時で一番の中心として学習する運動を主運動とすると、その主運動の「準備をする」ということは大切なことです。準備運動には、少しでも主運動にすんなり取り組めるよう主運動の補助運動的な役割をもたせていきます。
　例えば、跳び箱なら馬跳びを入れたり、ジャンプを入れたりするということが挙げられます。

(2) 継続して行うことで主運動の補強ができる

　準備運動では、補強的な役割も取り込むことができます。運動を「継続」して行うことで、運動の本質に近付くと考えられます。例えば、跳ぶ力を高めるためのジャンプを10回する、2人組で手押し車をするなどが挙げられます。
　低学年のみならず、高学年まで見通した運動を取り入れると効果的です。

楽しさの準備ができる「学級セット」

前述のような補助運動や、補強運動を計画的に継続して取り込むために「学級セット」というものがあります。毎回準備運動を考えるのは大変なので、準備運動のセットをつくってしまうという考え方です。例えば、次のように学級セットをつくることができます。

(1) 音楽を決める

　学級セットには音楽が重要です。低学年の子供は音楽が大好きです。好きな音楽が流れてくると自然と体が動いています。さらに低学年段階ということを踏まえると、歌詞付きのものがよいでしょう。低学年の子供たちが今、口ずさんでいるノリノリの曲を選びましょう。

(2) 動きを決める

　主運動の準備としての動き、補助運動・補強運動としての動きを考えながら入れたい動きを選びます。このとき、曲の呼間（切れ目）を上手に利用するとよいでしょう。また、楽なものから難しいものへ、静から動へという流れも大切になってきます。

動きを提示するシート

(3) でき上がったものを、自分で一度やってみる

　やってみることで、「次の動きまでに時間がないな」「呼間が短くてストレッチングが不十分だな」ということがわかります。

(4) 子供に教える時間をつくる

　子供は好きな音楽がかかっている場合すぐに覚えることができます。

　学年ごとにテーマを決めておくとよいでしょう。

アザラシ歩き

●テーマ例

| 1年：基本的なストレッチを入れ、継続してやって楽しい運動が入った学級セット |

| 2年：補助・補強運動が入り、体力向上（運動量）が期待できる学級セット |

1　準備運動からスタート

2 安全第一を徹底

授業を実践する

安全は、楽しさの守り神

楽しい体育も、一瞬にして覆ってしまうのは「怪我」です。そのため、「楽しい体育を守ってくれるのは安全である」ということを意識することは本当に大切です。安全に体育が進むからこそ、楽しさがあるわけです。

(1) 安全のためには基本を徹底

例えば、固定施設の運動遊び（器械運動系）では落下したり、ぶつけたりする怪我が多く起こります。そのような怪我を少しでもなくすためには、まず握り方を指導していきます。子供たちは親指を掛けない、いわゆる「サル握り」が多く見られます。そのために、授業の最初は一斉に「ヒト握り」で補強運動をしていきます。

（例）固定施設の運動遊び⇒鉄棒握り・ぶら下がり。20秒×3セットというように、安全のためには基本を徹底することが大切です。

(2) いつも同じリズムで単元を積み上げていく

水泳では命に関わる事態も考えられます。そのような事故を起こさないためにも、いつも同じリズムで授業を行うと子供たちは自然とルールを守れるようになります。

例えば、入水の仕方は…

①プールデッキへ足を水に入れないで並んで座る。
②手ですくって足に水をかける。
③足を水に入れる。
④水を腿にかける。
⑤片手ですくってもう片腕にかける（逆も同じ）。
⑥すくって頭（背中）にかける。
⑦最後に少しずつ胸にかける。

というようなことを毎回行うと、子供たちは次にやることがわかり、騒ぐことなく次の運動に進むことができます。このようにいつも同じリズムで授業を積み上げていくことは、教師にとっても安全管理の視点としてとても重要なことです。

(3) ルールづくりと徹底

　話の聞き方、集合の仕方、前へならえの仕方、体操の隊形と広がり方、ボールをもったときの集合の仕方、このようなルール（きまり）をはっきり理解させることと、それを徹底することが重要です。基本的な体育ルールの徹底は、授業をマネジメントする上で重要なことです。これは、授業を安全に効率的に行うだけでなく、「態度」の内容として、学習指導要領でも記載されている重要な指導内容の一部でもあります。

(4) 言葉かけ

　低学年の子供は、どんな動きをするのか予測が付かないときがあります。言ったことと違うことをやることも起こります。そのため、以下のことを意識することが大切になります。

①安全第一

　安全を第一にした注意をはじめに伝えます。そのとき、やってはいけないことをはっきり言います。「守れなければこの遊びはしません」などと、伝えるとよいでしょう。

②わかりやすく

　低学年の子供たちには難しい言葉は避けましょう。低学年用に噛み砕いて伝えることが大切です。子供たちの注意が散漫してしまうため、長い話も厳禁です。

③子供に注意が伝わっていないと感じたら一度止める

　授業を一度止めるには勇気が必要ですが、これは大事なことです。伝え方が悪かったのか、言葉が足りなかったかを、その場で反省し、もう一度子供たちを集めて注意を徹底しましょう。

(5) 水分補給

　夏の授業では暑さ対策が重要です。当然、水分も発散されるので補給が必要になります。水筒をもたせたり、水分補給の時間を取ったりして熱中症を回避しましょう。授業の途中でも、必要に応じてこまめに水分補給することは熱中症対策の基本です。

3 学習内容の定着のために

....
教材づくりの準備は、楽しさの発想から
....

　子供は、体を動かすことへの強い欲求があります。
「今日の体育はこれでおしまいです」。
「え〜、もう。まだやりたいー」。
「先生、次の時間もやってよ」。
　このようなことを子供たちが自然と言うような体育授業をしたいものだと常々思います。そして教師にとっても、このような言葉があると、次の授業へのエネルギーにもなっていくでしょう。

(1) 身に付けたい力から教材を準備

　学習指導要領には、子供たちに身に付けさせたい力がはっきりと示されています。そのことを忘れてしまっては、何を指導するのかがぶれてしまいます。ドッジボールでもリレーでも、それを行うことによって身に付けさせたい力があるのです。
　低学年の体育で大切なのは、「遊んでいるうちに、できるようになってしまう」ということです。以下に、その具体例を紹介します。
（例）跳び箱遊び（ロールケーキ）
　ロングマットの長い辺をロールケーキ状に巻いていきます（それを「ロールケーキ」と呼んでいる）。それを使って…

●ロールケーキ渡り　　　　　　　　●ロールケーキ渡りじゃんけん

ロールケーキを少し間を空けながら不規則に並べる。この上を走り渡る。不安定なロールケーキマットの上でバランスを取りながら走る力が付く。

ロールケーキ渡りの両端からスタート。出会ったらじゃんけん勝負。勝ったら進み、負けたらすぐ降りてすぐ次を呼ぶ。

●ロールケーキ馬ドスン

またいで座り、ロールケーキを馬跳びで進んでいく。手をついて両足で跳び上がってから足を前に開きながらおしりでドスン。

●ロールケーキ馬ドスンじゃんけん
　ロールケーキ馬ドスンの両端からスタート。出会ったらじゃんけん勝負。勝ったら進み負けたらすぐ降りて次の友達を呼ぶ。

　このロールケーキは、子供たちにとても人気があります。まわりで見ている子供たちの間で、応援合戦まで始まるようになります。
　ロールケーキ渡りは、不安定な状態で、体のバランスをとりながら進むことで調整力が養われます。ロールケーキ馬ドスンは、正しい手の付き方や足の運び方などが養われ、跳び箱へと続いていきます。ここで、その動きを身に付けることで、ほとんど全員が跳び箱3〜4段が跳べるようになります。

(2) 逆算方式で考える
　身に付けさせたい力がわかったとき、それを身に付けさせるためには、何をやればよいか、何を準備すればよいか、何か使えるものはないか、ということを考えます。次に、どういう順番でそこまでもっていくのかを考えます。そのためには何が必要なのかを考え、一番最初はどんなことから入っていくと楽しさが続くかな、などと考えます。これが、逆算方式の考え方です。

(3) 準備・片づけは子供たちで
　子供たち自身で準備や片づけをするということは、自分たちの授業を大事にするということです。自分たちが考えたもの、自分たちがつくったもの、楽しくてしょうがない授業をつくっていくことになります。これも学習指導要領に示された大切な学習内容です。

4 教材教具のヒント

　「子供たちが楽しく運動できるようにするための材料」を探そうと思っていろいろな物を見ると、いつもと違った特徴が見えるかもしれません。「これを使ったらこんな運動をさせられそうだな」と意識してみましょう。以下に、その例を紹介します。

	体育に使えるもの	写真	用途
1	ロープ		子供たちが自由にコースをつくることができます（P.53参照）。また、コーンにくくり付けて、簡易ネットなどにも応用できます。
2	バランスボール		いろいろなボールを蹴る動きに使います（ダイヤモンドサッカーの導入：ボールを蹴ることへの慣れ）。
3	旗		ジャングルジムでの旗取りなど、いろいろな場面で使えます。
4	すべり止め		四角い滑り止めを円、足形に切って使います。使用する際は、安全面に留意します。
5	ペットボトル		2つのペットボトルにひもを付け、ミニハードルとしても使うことができます。また、ボール蹴りの的としても使えます。

6	印刷紙段ボール		ミニハードルや障害走などに使えます。工夫して三角の形にするなど応用してみましょう。
7	発泡スチロールブロック		ボール蹴りのターゲットや、ミニハードルとして使用します。
8	古いマット		マットを巻いていくことで、いろいろな動きに役立つ教材になります（ロールケーキ：P.44、45参照）。
9	玉入れの玉		投げるボールとして、また宝島の宝として使います。得点をカウントとする際に使用してもよいでしょう。
10	フラフープ		サークルハンドのゴールやボール置きとして使います。

5 運動量を確保しよう

運動量は、楽しさで確保する

　子供が運動の楽しさと出会ったとき、子供は果てしなく動き回るでしょう。しかし、低学年の子供は、楽しくなければ思い切り体を動かすことはないでしょう。楽しさがないものには途端にいい加減になったり、やりたくないような顔になったりします。

　運動量には目安があります。それは"汗"です。特に冬の寒いときに汗をかいているかどうかが重要です。もしそうでなかったら、運動量が足りないということになります。また、冬に上着を着てやっているときなど、「暑い」と言って上着を脱ぐようになると、運動量を確保できたと言ってよいでしょう。

　では、運動量はどのようにして確保していったらよいでしょうか。それは、ズバリ「楽しさ」です。特に低学年の子供に当てはまります。楽しい運動を提供できれば、自然と運動量は確保できるようになるのです。

　では、子供にとっての「楽しさ」とは、どのようなことを考えればよいでしょうか。ポイントは5つあります。

(1) **子供の興味・関心がどこにあるのか**

　教師は、ある程度子供の中での流行を知っておくとよいでしょう。子供たちが好きな音楽を準備運動に取り入れたり、軽快な音楽をゲーム練習に流したりすることによって、子供たちの意欲は上がっていきます。

(2) **適当な負荷**

　低学年の子供にとっての負荷とは、強さでも回数でもありません。一番の負荷は、「初めての出会い」です。つまり、今までやったことのないもの、今まで経験したことのないことがたくさん動くことにつながり、結果として負荷になるのです。その負荷は苦しさの負荷ではなく、ワクワク・ドキドキという負荷であり、楽しさにつながる負荷でもあります。

　何も特別なことを考える必要はありません。今までまっすぐ走っていたものを、くねくねコースにしたり、前向きを後ろ向きにしたりする、ほんの少しの新しい負荷が子供たちにとって新鮮なも

のです。ましてや、それまでに使ったことのない新しい道具などを使うとなれば、モチベーションは相当に高くなります。その結果、いつまでも運動を続けたいという気持ちにつながります。

(3) 上手になったという実感

　子供たちが日記に書いたことを見ると、「先生あのね、〜ができるようになったよ。嬉しかったよ」というものが非常に多く見られます。跳び箱の3段が跳べるようになったよ、なわ跳びの2重跳びができるようになったよ…。ちょっとしたことでも「できた」というのは、実感として子供たちが楽しさを感じるきっかけになります。

　記録、回数、勝ったなど、子供たちに高まりを実感として与えることができれば、楽しさを感じることができるということです。

(4) 友達の応援や教師の称賛

　子供に限らず、人は応援されると普段以上の力が出ることがあります。特に、友達に応援されると一層頑張るのが低学年の子供たち。ぜひ、運動が苦手な子にも応援ができるクラスづくりをしていきたいものです。

　友達の応援と同様に効果絶大なのが、教師の称賛です。低学年の子供は先生に認められたくて、「先生、見て見て」とやってきます。満面の笑みで、大きなジェスチャーで本当に自分も嬉しそうに褒めてあげましょう。ポイントは次の3つです。

---
①いい加減に褒めない。本気で褒める。
②「褒める」は「厳しさ」の裏返し。規則を守らなければ厳しく。
③褒めるタイミングを逃さない。褒められた実感が沸くように。

---

(5) 次に引き継ぐ興味

　「今日は楽しかった。またやりたい」という声が聞こえてくればしめたものです。子供たちは、「楽しさ」の虜になっているのです。つまり、次の体育の時間も、今日やった遊び（運動）ができるという楽しみで、子供たちは、運動の継続をしていくのです。

6　言葉かけのアイデア

....
教師の笑顔は、楽しさの予感
....

　子供たちは、「今日の体育はどうかな？　何やるのかな？　楽しいかな？」といつも思っています。楽しさをどこで察しているのでしょうか。それは教師の表情と言動です。子供にとって、教師の笑顔は、楽しさの予感を感じさせるものなのでしょう。

....
言葉かけのアイデア
....

⑴　「発問」と「称賛」

　教師の言葉かけは、子供の意欲を高める上で重要な役割をもっています。子供の技能には差があるので、1人1人の子供の実態に合った言葉をかけることで、より一層学習意欲を高めることができるのです。
　まず、運動が得意な子供には「発問」が有効です。「発問」とは、「どうしたらできるようになったのか？」「友達の上手なところはどこかな？」などの質問をして、その子供の頭の中のイメージを言語化させることです。
　反対に、運動が苦手な子には「称賛」をするとよいでしょう。「称賛」とは、「頑張ったね！」「今の○○が上手だったよ！」といったように、褒めることです。『運動が苦手だから、体育が嫌い』という子供をつくらないように、たくさん褒めて、自己有能感を高めていきます。

⑵　短い言葉で

　低学年の子供に対する言葉かけのポイントは、短い言葉で伝えることです。特に、子供自身から出てきた「運動の言葉」を使うと、子供たちは動きをイメージしやすくなり、運動のポイントとして記憶しやすくなります。以下に、実際に子供から出てきた「運動の言葉」の例を挙げます。

（例）ボール蹴り遊び

　相手がいないスペースのことを「すきま」「空いているところ」などと言います。さらに、これらの子供から出てきた言葉を画用紙にして提示したり、出てきそうな言葉を予想して（体育日記・学習カードの活用）準備したりすることで、子供の学びを助けることになります。

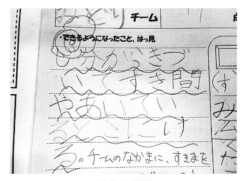

子供の記述

⑶ 言葉かけを補足するもの

　体育の紅白帽は、いわゆるリバーシブルになっていますが、これを使うと言葉かけを補足するものになります。

（例）長なわ跳び

　上手に長なわを跳べた子供に「○○さん、上手」と褒めるのはもちろん大切ですが、それだけではなかなかモチベーションは上がりません。そこで、跳べた子供に「上手、赤帽！」と言って、帽子を裏返しの赤帽にさせます。すると、子供たちは目に見えてできたことがわかるために、見違えるほどのやる気を出し始めます。さらに、自分でタイミングを見計らって跳べた子供に対しては「スーパー赤帽」といって赤帽を外します。周りの子供もそうなりたいと、必死になって練習するようになります。

⑷ 学習カードで子供たちの今を知る

　子供たちに適切な言葉をかけるには、子供たちが今何を考え、何に困っているのかを把握しなくてはいけません。特に子供の思考・判断はとても重要です。学習カードには学習のポイントがあり、どんなことをやったのか、記録や感想を書く欄を設けます。それを見ると、「次に子供への言葉かけはこんなことをしたらいいな」「ここは直さないといけないな」というように、必要なことがわかります。２年生になったら、少し具体的に振り返るとよいでしょう。

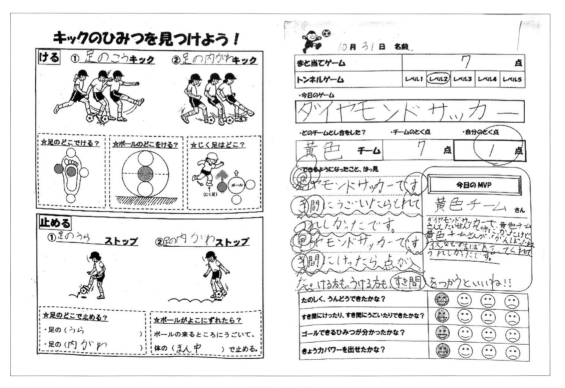

学習カード例

7　工夫の視点を伝える

工夫させたいのなら、楽しさを与える

　子供の発想力には本当に驚かされるときがあります。しかし、「工夫してごらん」と言うだけでは、的を射た工夫になるとは限りません。そのため、「工夫させたいのなら、工夫できるように導く」ということが大切になります。その際に必要なことは、「楽しさ」です。本書においても、何度も「楽しさ」がキーワードになっているので、低学年の体育で「楽しさ」がいかに重要かがわかるでしょう。子供は「この楽しさを続けたい」「この楽しさの中で何とかしたいことがある」と思ったときは、我を忘れて工夫を始めるようになるのです。

(1)　身に付けさせたい力を確認する

　教師は、子供に何を工夫させるのかの視点を定めなくてはいけません。どの運動にも身に付けさせたい力があります。そのために運動を行っているのです。「この運動ではこういう力を身に付けさせたい。だから、子供たちにはここを工夫させたい」というように、しっかりと計画を立てる必要があります。

(2)　工夫する必要感がもてるように

　子供には工夫する必要感がもてるようにすることが大切です。それは、競争に負けてしまったり、もっと上手になりたいと思ったり、上手な人のようになりたいという欲求が出たときです。子供たちは、言わなくても工夫を始めます。その方法の1つとして、「競争」はとても有効な手段です。例えば、リレー競走で負けてしまったチームは、自然とここはこうしよう、今度はこうしようと話合いを始めます。このことこそ、工夫の第一歩なのです。

(3)　どのように工夫したらよいのかをしっかり伝える

　どこを変えたらよいのか、どういう方法があるのかという、工夫の引き出しを準備してあげることも教師には求められます。

　工夫の引き出しを準備するというのは、習得の段階で多くの楽しさに触れ、いろいろな遊びを経験することです。そうすれば、「ああ、あのときはこうしたな、こうだったな」というように習得した技術や考えが、活用されていくのです。

　「スパイラル」という言葉があります。子供たちの習得や活用の段階では、遊びがスパイラルして変化していきます。子供たちが以前の活動に気付きながら、「自分たちで工夫した」という思いをもたせたいものです。

⑷　大事なポイントの言葉かけ

　低学年の子供たちに大事なポイントを探させるためには、クイズ形式で「ここで問題です。〜するにはどうしたらいいでしょうか？」「〜になるにはどうしたらいいでしょう？」など、教師がある程度焦点を絞り、それを子供に問い、工夫に導くという方法が有効です。難しければ、二者択一の方法でもよいでしょう。

　「〜という方法と、〜というやり方はどっちがいいでしょう」⇒「それはなぜでしょう」⇒「やってみて」⇒「みんなでやってみよう」という流れで進めていきます。

場の工夫の例　1年生　走の運動遊び
「ロープダッシュで、目指せ、チャンピオン」

⑴　コースを工夫すること

　この授業実践は、35mの環状ロープでコースの形を自由につくり、そのロープ沿いを走るという活動を行います。

　直線やカーブ、ジグザグなどが混ざったロープコースを走って遊ぶことで、走る心地よさを感じたり、よい動きに気付いたりすることがねらいになります。

　はじめに、子供たちにロープを与え、自由にコースをつくらせてみます。すると子供たちは工夫を凝らし、様々な形のコースをつくりあげていきます。ハート型や星型のコース、車型のコースなど実に多くのパターンが出てきました。しかし、それらのコースは子供の工夫から生まれたものではあるものの、多様な走り方を経験できるコースではないものもありました。

　次に、自由にコースをつくらせるのではなく「『○、△、□』の図形を必ずコースに取り入れて

ロープでコースづくり

みよう」と工夫の視点を子供に示しました。すると、コースの中にカーブやジグザグができるのです。場の工夫の視点を与えられた子供たちは、自分たちが走って楽しいコースを工夫するようになっていきました。

すると、そこで問題が生まれます。ロープの扱い方です。例えば、ロープで○をつくる方法は２種類あります。ロープを寄せてつくる方法と、ロープを交差させてつくる方法です。

子供たちに自由にコースをつくらせると、前者が圧倒的に多かったのです。前者は図形部分の形が壊れやすく、さらに走りにくいものです。そこで、後者の重ねる方法を紹介しました。その方法でつくられたコースは手前で失速することなく図形に侵入することができ、より走りやすいコースをつくることができるようになったのです。

以上の例からわかる通り、子供に体験させたいことを明確にもち、教師が意図的に助言をすることで、子供の工夫の方向性を絞ることができ、身に付けたい動きをより経験できるようになるのです。

(2) **走り方も工夫する**

さらに工夫したコースで、走り方の工夫も学んでほしいと願いました。そのためには、単元の中に、真剣に走ることができる場面が必要でした。支援装置として、ランニングメーターが登場します。幅５cmほどのサテン生地のリボン（いろいろな生地のリボンがありますが、サテン生地が適当な重さがあってよい）を体育ズボンの腰に差し込むだけなのですが、これが子供たちにとっては、真剣に走る装置であり、走り方の工夫を見付け出す道具となったのです。

子供たちには「速く走ることができるようになる新兵器」と伝えました。走った際のリボン（ランニングメーター）の流れ具合で、「レベル０（床と垂直状態）」「レベル50（床と45度の状態）」「レベル100（床と平行状態）」に分けました。もちろんこれは精密な計測ではなく、子供の意識を高め、やる気を引き出すためです。

レベル50　　レベル100　　レベル０
　　　　ランニングメーター

子供たちは、レベル100を目指して一生懸命に走ります。そのとき、「どうしたらレベル100まで上がるように走れるかな？」と投げかけました。子供たちは「速く走る」「足を早く動かす」などと言います。

　そこで、「ズボンの両側に手を入れて動かさないで走ってみよう」と言いました。驚いている子供たちですが、実際にやってみると走れません。「さっきとどう？」と聞くと、全員が「走りにくい」と言いました。

　「なんで？」

　「手が振れないから」

　「そうか、手を振ることって大切なんだね」

　このようなやり取りが続きます。

　ここで、気付いてほしいことは、「腕振り」です。走るとなると、どうしても足に目が向いてしまうのですが、腕振りこそバランスよく、そして速く走るための第2のエンジンなんだということを理解させる必要があったのです。

　ただ、この低学年の子供たちに、「腕振りはこうだよ、ああだよ」と言っても頭には入りにくいものです。ランニングメーターを手がかりに、子供たちはよい走り方を工夫し始めました。

(3) 子供の変容

　子供は、この「場の工夫」と「走り方の工夫」で変わっていきました。走り方は、前よりたくましくなったし、速くなったように感じられました。ポイントの1つ目は、ランニングメーターのように「目に見える＝実感できる」教具を用いたことです。これによって速いことに実感が伴いました。ポイントの2つ目は、具体的な動きの違いを実感したことです。やってみることによって、明らかに走り方の違いに実感が伴いました。

　そして、場や走り方を工夫したことによって（子供たちは工夫したと思っていないかもしれない）楽しさの幅が広がったことを実感していきました。

8 よい動きを取り上げる

....
自分もできそうと思えるように
....

(1) 運動が苦手な子供を手本として褒める

　低学年の子供たちは、動きをトータルとしては判断できません。開脚跳びの学習ならば、「手を前についているかどうか見て」と言って動きの視点を示し、着手動作だけの学習をします。手を前方についているのかいないのか、つまり○か×かを取り上げたほうが、子供たちにとっては納得がいくのです。

　動作を分けて見ていくと、運動が苦手な子供も部分的にはよい動きをしているときがあります。運動が苦手な子供でも、ここまではできる。しかも、手本になるくらい上手なのです。そんなときは「○○ちゃんやってみて」「手をつくとこ、よーく見ててよ」と言って取り上げると、その子供は眼が爛々としてくるのです。自信をもつようになり、やがて他の動きも高まってきます。

(2) よい動きは、見て、やってみて確認

　よい動きを取り上げるために効果的なのが、モデリングです。モデリングとは、よい動きを全体に広めるために、子供やチームの動きを取り上げて実際にやってもらい、それをみんなで見て、実際に真似をしてやってみることで、そのよい動きを獲得することです。

....
実践例
....

（例①）1年生　跳の運動遊び「川遊び」

　E君が、片足で踏み切って広い川を越えていました。みんなを集めて「E君が跳ぶのを見て、遠くまで跳ぶコツを見付けよう」と言って、みんなでE君のジャンプを見ました。すると、見ている子供たちが「E君は片足で跳んでいるよ」と気付いたのです。さらに、「バンと強く足で叩いて

いる」と言うので、「片足で、バンと強く踏み切って跳ぶといいみたいだね」と、片足踏切りのよさを共通理解することができました。そして、「片足」ということと「バン」という踏切りの強さを意識させて子供たちに実際に跳ばせました。多くの子供が、1～2段上の高さや、跳ぶことができなかった高さをクリアすることができたのです。

(例②) 2年生　ゲーム・ボール蹴りゲーム「ダイヤモンドサッカー」

　ダイヤモンドサッカーは長方形の向かい合ったラインからボールを蹴って、コートの中にあるひし形（これをダイヤモンドと呼んで、相手の陣地になる）を相手チームをよけて味方にパスをして点を競うゲームです。

　授業を進めていくと、なかなか勝てないチームが出てきました。どんなところで困っているのかよく話を聞くと、「パスをとられてしまう」と言うのです。つまり、点が取れないのです。原因は、ボールをもっていない人が動けていないことでした。味方がボールをパスしようとしても、前に相手チームがいるのです。

　全員を集めて、「このチームが困っているようだから力を貸してあげて」と伝え、試合の様子を全員で見ることにしました。

　「どんなところを直したらいい？」と聞くと、「隙間に動いた方がいい」「誰が？」「味方が」「ボールをもっていない人が」。

　ここで動きを止めて、そこに焦点を当てて確認してみました。「確かにそうだ」「ボールをもっていない人が動かないと、うまくパスができない」「練習してみよう」。

　練習することで、少しずつ空いているところに動くことができるようになってきました。すると、チームの1人の女の子の意識が明らかに変わってきました。動き回って、声まで出てきたのです。「みんなが教えてくれたから、こうなったよ」と、今度はよい動きとして全員の前で取り上げます。その後、そのチームは僅差で競えるようになり、動きも見違えるようによくなったのです。

ダイヤモンドサッカー

8　よい動きを取り上げる

第3章

授業を
つくろう

実践例の活用の仕方と各領域の特徴について

1　実践例の活用の仕方

　第3章では、領域ごとの具体的な実践例を紹介します。そこで、ここでは実践例を有効に活用していただくために、必要な情報について述べたいと思います。
　どの領域も3つの項目で構成しています。①授業づくりの構想、②具体的な授業イメージと指導のポイント、③これを知っておくと便利、の3項目です。

　①「授業づくりの構想」では、各領域の単元をつくる上で最初に必要な情報を提供しています。いきなり、1時間ごとの授業をつくることはできません。まず、単元全体を見通し、身に付けたい力や学習の進め方を確認して、授業づくりを構想します。俯瞰図で場の設定もイメージします。
　②「具体的な授業イメージと指導のポイント」では1年生の授業を中心に、2年生の発展までを例として示しています。学習指導要領は2学年がまとめて示されています。つまり、低学年の学習指導要領に書かれていることは、2年生の終わりまでに指導すべき内容なのです。ですから、1年生の場合はそれよりも内容が容易で、子供たちが楽しさを十分享受できる学習が望まれます。
　1年生では、先生が学習をリードし、2年生になったら、子供たちが進んで学習できるよう、1年生の学習の上に、やや難しい動きを習得したり、子供たちが主になって思考・判断しながら学習できるようにしたりすることを目指します。第3章では、そのための指導のポイントを随所に示しています。2年間の系統性を理解することで、子供が無理なく学習しやすくなるはずです。

> ＜低学年の授業づくりのこだわり＞
> 1　単元名は子供にとってわかりやすく、わくわくするものを用意する。
> 2　単元は、大きく2つで構成する。
> 　前半「やってみよう」と題して楽しい運動を取り入れ、子供たちを運動に誘い込む。
> 　後半は、「もっと楽しくやってみよう」と題して、前半の学習を深める活動を仕組む。上手にできるようになったり、自分たちで工夫する時間を多くしたりして、より楽しめるようにする。
> 3　授業は、準備運動などの体を動かすことから始め、運動欲求を十分に満たしてから学習のねらいの確認をする。
> 4　1単位時間は、「学習1→確認→学習2→まとめ」の流れで構成する。最後のまとめだけだと、低学年の子供は直前の活動しか覚えていないことが多い。

　上記の原則に則って、各領域の授業を構成しています。
　③「これを知っておくと便利」では、単元計画には表しきれない授業を行う上でのコツや教具などを、経験豊かな執筆者たちが紹介しています。体育は、複数の個性豊かな領域の集まりですから、それぞれに違った授業のコツがあります。これらを授業で意識したり、導入したりすることで授業の質が向上するでしょう。

<ページ構成>
──①授業づくりの構想──
◇単元の目標……………………………体育における3つの指導内容（技能、態度、思考・判断）について、単元を通して何を指導するのか
◇単元のこだわり………………………目標を達成するための指導の重点や指導方法の工夫など
◇用意するもの…………………………備えあれば憂いなし。事前に用意すべきものを紹介
◇授業イメージ…………………………授業場面のイメージ図。場の設定や子供の動きなど
◇授業づくり上達への道………………ワンポイントレッスン。単元を進める上での押さえどころ

──②具体的な授業イメージと指導のポイント──
◇単元名…………………………………学習内容がイメージでき、なおかつ、子供たちが興味をもちやすい名称を
◇単元前半の押さえどころ……………単元の前半は、子供たちを楽しく運動に誘い込むための大まかな学習活動と指導のポイントなど
◇単元後半の工夫の視点………………単元の後半は、もっと楽しくなるために、前半の学習を深めるための活動や指導のポイントなど
◇勝負時間の進め方……………………単元の導入時など、学習全体の鍵を握る1時間をセレクトし、学習の進め方を詳細に説明。特に「よい授業のポイント」で授業の押さえどころを具体的に伝授
◇2年生ではこんな発展を目指そう…1年生の授業をベースに2年生で発展すべき学習を例示。学習指導要領の内容が確実に身に付くように仕上げ
◇ちょっと教えて………………………教師が悩みそうな視点をQ&Aで、アドバイス

──③これを知っておくと便利──
　領域ごとに場の設定、教師の言葉かけ、教具の工夫、教材づくり、動きのコツなど、授業の質を上げるための教師の知恵について視点を絞ってイラスト入りで紹介。
　ただし、これらはあくまでヒントなので、子供の実態に合わせてアレンジしてください。

2　各領域の特徴

　次ページの図は、小学校から高等学校までの体育科・保健体育科における全ての領域を並べたものです。子供の心や体の発達を考慮し、大きく4年ごとに分けて学習内容が整理されています。低学年から中学年にかけては、「基本的な動きに幅広く取り組む楽しさ」と書かれていますが、「易しい動きがたくさんできる楽しさ」ととらえることもできます。低学年は運動遊び（体つくり運動、ゲームも同様の要素が含まれている）であることが特徴です。運動に遊びという言葉が付随していることで、指導内容や指導方法に影響を与えています。それでは、各領域の特徴について、低

学年の内容を中心に説明します。なお、同じ系列の領域は〇〇系として示しています。

発達の段階を踏まえた指導内容の体系化

	小学校			中学校		高等学校			
	1・2年	3・4年	5・6年	1・2年	3年	入学年次	次の年次	それ以降	
	体つくり運動		体つくり運動			体つくり運動			
	器械・器具を使っての運動遊び	器械運動	器械運動	器械運動	器械運動	器械運動		豊かなスポーツライフ
	走・跳の運動遊び	走・跳の運動	陸上運動	陸上競技	陸上競技	陸上競技	
	水遊び	浮く・泳ぐ運動	水泳	水泳	水泳	水泳	
	表現・リズム遊び	表現運動	表現運動	ダンス	ダンス	ダンス	
	ゲーム	ゲーム	ボール運動	球技	球技	球技	
				武道	武道	武道	
				体育理論	体育理論		
	保健領域			保健分野		科目保健		

明確化 ←→ 系統性

- 基本的な動きに幅広く取り組む楽しさ
- 全ての領域の特性や魅力に触れる楽しさ
- 自分に合った運動を選び深める楽しさ

（1） 体つくり運動

体つくり運動は、低学年の内容を、「体ほぐしの運動」及び「多様な動きをつくる運動遊び」、中学年の内容を「体ほぐしの運動」及び「多様な動きをつくる運動」で構成されています。高学年の内容は「体ほぐしの運動」と「体力を高める運動」で構成されています。

体つくり運動は、現行の学習指導要領から小学校の全ての学年で必修となりました。低学年の内容である「体ほぐしの運動」と「多様な動きをつくる運動遊び」は具体的な指導内容や押さえどころが大きく異なるので分けて説明します。

体つくり運動

低学年	中学年	高学年
体つくり運動		
体ほぐしの運動		
多様な動きをつくる運動遊び	多様な動きをつくる運動	体力を高める運動

低学年から体つくり運動を規定
スムーズに動ける体つくり（生涯にわたって…）

体ほぐしの運動

「心や体の変化への気付き・体の調整・友達との交流」をしていくことがねらいです。低学年では、このうち、友達との交流がねらいの中心となります。まずやってみて楽しい、そして誰にでもすぐにできることが重要です。また、全学年を通じて特に気付きを大切にしています。例えば、低学年では「体を動かすと気持ちがよいことや、力いっぱい動くと汗が出たり心臓の鼓動が激しくなったりすること」など、運動することと自分の体の変化が結び付いていることに気付けるよう指導することが求められます。このことの例として『小学校学習指導要領解説　体育編』には、「内容の取扱い（4）各領域の各内容については、運動と健康がかかわっていることの具体的な考えがもてるよう指導すること」が示されています。このことは、保健領域がない低学年において、体ほぐしの運動の気付きが保健学習の導入に当たることを意味しています。

多様な動きをつくる運動遊び

低学年においては、発達の段階を踏まえると、体力を高めることを学習の直接の目的とすることは難しいのですが、将来的に技能を身に付けたり、体力を高めたりするためには、この時期から様々な体の基本的な動きを培っておくことが重要であると考えられます。この「多様な動きをつくる運動遊び」で身に付ける動きは、全ての運動の基となるものと考えられますから、動きを幅広く身に付けることが大切です。4つの運動遊びに分類されていますが、特定の動きを練習するのではなく、多様な動きを子供たちが楽しみながら経験していくうちに、結果として基本的な動きが総合的に身に付いていくような授業づくりが求められます。そして、中学年では、ここで身に付けた基本的な動きを基に、それらを組み合わせた運動に取り組んでいきます。

なお、体つくり運動は、全ての学年で必ず指導することになっている点が、他の領域と大きく異なる点です。

(2) 器械・器具を使っての運動遊び

器械運動系の領域は、低学年を「器械・器具を使っての運動遊び」、中・高学年を「器械運動」で構成されています。低学年の具体的な内容は、「固定施設を使った運動遊び」「マットを使った運動遊び」「鉄棒を使った運動遊び」及び「跳び箱を使った運動遊び」で構成されています。中学年以降の器械運動にスムーズにつなげるためには、低学年で様々な運動遊びに積極的に取り組めるようにし、運動感覚を磨いておくことが大切です。これらは非日常的な運動であるため、体育の中で意図的に取り組まなければ、経験することさえなくなってしまいます。様々な場で多くの方と体育について話をすることがありますが、器械運動は苦手だったという人が少なからずいます。運動能力というよりも動きを経験していないことが大きな原因です。

さて、器械・器具を使っての運動遊びは、いろいろな動きに楽しく取り組んで、自分の力にふさわしい動きを身に付けたときに喜びを味わうことができる運動です。しかし、「できる」「できない」がはっきりした運動ですから、全ての子供が喜びを味わうことができるよう授業を工夫することが求められます。もし、なかなかうまくできなければ課題が易しくなるような場や補助具を活用して取り組むことも大切です。

低学年は、正しい技を身に付けることに適した発達の段階とは言えません。そのため、楽しく取り組みながら、支持、ぶら下がり、振動、手足での移動、逆さ姿勢、回転など、いずれ器械運動に結び付く様々な動きができるように学習を進めます。その際、やらせっぱなしではなく、全員に経

験させたい動きを取り上げ、全員が取り組む場を設定することが大切です。また、それらの様々な動き方も子供が工夫して運動する中で見付けていけるようにすると、進んで取り組むようになります。そのため教師は、子供がそれぞれの器械・器具を使った多様な動き方や遊び方をイメージできるように図で掲示したり、集団で取り組める遊びを工夫したり、子供が創意工夫した動きを評価したりすることが必要です。加えて、安全を重視して、きまりを守り仲よく運動をしたり、場の安全に気を付けたりすることができるようにしていくことも重要な学習です。また、準備・片づけが素早くできることも運動時間を確保する上で鍵を握ります。

器械運動系

低学年	中学年	高学年
器械・器具を使っての運動遊び	器械運動	
固定施設を使った運動遊び		
マットを使った運動遊び	マット運動	
鉄棒を使った運動遊び	鉄棒運動	
跳び箱を使った運動遊び	跳び箱運動	

器械運動を第3学年から規定
基本的な技の習得を重視

(3) 走・跳の運動遊び

陸上運動系の領域は、低学年を「走・跳の運動遊び」、中学年を「走・跳の運動」、高学年を「陸上運動」で構成されています。走・跳の運動遊びは、「走の運動遊び」「跳の運動遊び」で、構成されています。「走る」ことは、器械運動と違って子供にとっては日常的な活動です。小さな頃から走ることをしてきています。それでは、小学校の体育において何を改めて学ぶのでしょうか。

陸上運動系

低学年	中学年	高学年
走・跳の運動遊び	走・跳の運動	陸上運動
走の運動遊び	かけっこ・リレー	短距離走・リレー
	小型ハードル走	ハードル走
跳の運動遊び	幅跳び	走り幅跳び
	高跳び	走り高跳び

系統性を重視し、運動内容を整理
かけ足は、体つくり運動へ

1つには、走りそのものを楽しく行いながら、よい動きにしていくということです。ジグザグに走ったり、障害を跳び越えて走ったりするなど様々な走りをすることで、これまでと違った楽しい走りの感じを味わうことができるでしょう。

2つ目は、走りを他の力に生かすことです。走ってきた力を生かして、より遠くへ、または高く跳ぶことであったり、自分が走ってきた力を友達に受け継ぐこと（リレー）であったりします。これらを運動種目に大きく分けると「走と跳」になります。

「走の運動遊び」では、いろいろな方向に走る、距離や方向などを決めて走るかけっこ、手でのタッチやバトンをパスする折り返しリレー遊び、そして、段ボールや輪などの低い障害物を走り越えたりリレー遊びをします。つまり、これらは、将来、短距離走やリレー、ハードル走につながる初歩的な運動遊びと言えます。

また、「跳の運動遊び」では、助走を付けて片足で踏み切り、前方や上方に跳んだり、片足や両足で連続して跳んだりします。これらは、走り幅跳びや走り高跳びにつながる初歩的な運動遊びと言えるでしょう。

ただし、運動遊びで大切なことは、スポーツの基礎練習ではないということです。これらは、子供が易しい運動に仲間との競争やいろいろな課題をもって取り組むことによって、運動をしたいと

いう欲求を充足し、楽しくできるようにすることが大切です。そのように運動に楽しく取り組む中で、陸上運動だけでなく、様々な運動につながる運動感覚を養っていきます。

学習指導要領解説には、例示として「いろいろな形状の線上等を蛇行して走ったり、まっすぐに走ったりすること」と示されています。はじめから合理的な走りを目指すのではなく、様々な走りを体験する中で、心地よさを感じたり、よい動きに気付いたりしていくことが大切です。

(4) 水遊び

低学年の「水遊び」は「水に慣れる遊び」及び「浮く・もぐる遊び」で構成され、中学年の「浮く・泳ぐ運動」は「浮く運動」及び「泳ぐ運動」で構成されています。高学年の「水泳」は「クロール」「平泳ぎ」で構成されています。

水泳系の運動は、陸上運動とは対照的に、泳ぐ活動をしなければ、いつまでたってもできるようにはなりません。また、一歩間違えば、命に関わる運動でもあります。それだけに、水との関わりは丁寧に行いたいものです。

水泳系

低学年	中学年	高学年
水遊び	浮く・泳ぐ運動	水泳
水に慣れる遊び 浮く・もぐる遊び	浮く運動 泳ぐ運動	クロール
		平泳ぎ

水泳を第5学年から規定
呼吸を含めた基本的な技能を中学年で確実に習得

低学年であれば、胸まで水に入るだけでも怖さを感じることがありますから、まずは、壁につかまりながら水中を動き回るなどの易しい運動からはじめ、水に顔をつけたり、もぐったりする子供にとって楽しい運動から、浮いたり、補助具につかまって泳いだりする心地よさを楽しむ運動に進めていきます。

「水に慣れる遊び」は、その名の通り、まず、水に慣れるための活動です。水につかって、水をかけ合ったりまねっこをしたりして遊んだり、電車ごっこやリレー遊びなどをして遊んだりします。このほかにも、水をすくって顔を洗ったり、鬼遊びをしたりして、水への恐怖心や抵抗を軽減する活動を取り入れます。

「浮く・もぐる遊び」では、水に慣れた子供たちが、水の特性である浮いたり、もぐったりする活動に取り組みます。その際、徐々に水へのアプローチを行うよう壁や補助具につかまって水に浮いて遊んだり、水中で目を開けてのじゃんけんやにらめっこ、石拾い、輪くぐりなどの易しいゲームをしたりしながら、水の特性に触れていくようにします。それらができるようになったらバブリングやボビングを遊びの中で取り入れ、口や鼻から息を吐いたり、息を止めてもぐり、跳び上がって空中で息を吸ったりするようにします。

(5) ゲーム

ボール運動系の領域は、低・中学年を「ゲーム」、高学年を「ボール運動」で構成されています。「ゲーム」は、低学年を「ボールゲーム」「鬼遊び」で、中学年を「ゴール型ゲーム」「ネット型ゲーム」「ベースボール型ゲーム」で内容が構成されています。高学年の「ボール運動」は、「ゴール型」「ネット型」及び「ベース

ボール運動系

低学年	中学年	高学年
ゲーム		ボール運動
ボールゲーム 鬼遊び	ゴール型ゲーム	ゴール型
	ネット型ゲーム	ネット型
	ベースボール型ゲーム	ベースボール型

特定の種目から型の類型での学習へ
共通した内容を学ぶことで活用が可能

ボール型」で構成されています。○○型というのは、種目固有の技能ではなく、攻守の特徴（類似性・異質性）や「型」に共通する動きや技能を系統的に身に付けるという視点から種目を整理したことによります。

　ボール運動系領域は集団対集団で競い合い、仲間と力を合わせて競争することに楽しさや喜びを味わうことができるところが他の領域に比べての特徴と言えます。ですから、これらを保障する学習をどのように組み立てるかが大切です。特にゲーム領域はルールという言葉を使わずに、子供たち（もちろん教師とともに）がつくり上げた「規則」に基づいてゲームを行います。この自由な裁量をどのように見極め、学習に反映させていくかが授業づくりを左右します。

　「ボールゲーム」は、簡単なボール操作やボールをもたないときの動きによって、ボールを的に当てたり、攻めたり守ったりしながら勝敗を競い合うゲームです。技能を中心とした学習よりも、まずは「ゲームを楽しく行うこと」です。子供にとってわかりやすいゲームをじっくり学び、子供の実態を踏まえつつ、楽しく行いながらゲームを発展させていくことが大切です。低学年の子供にとって、素早く判断して味方にパスを出したり、空いている場所へ素早く動いてパスをキャッチしたりするなどの技能は難しいため、例えば、攻めと守りが分離、もしくは交代しながらゲームを行ったり、攻め側より守り側の人数を少なくして守りのいない場所を見付けやすくしたりするなどの規則の工夫が重要になります。その際、教師としては集団対集団で行うゲームであるだけに、チームばかりに目がいき、1人1人の実態をつかめていないということがないようにすることです。例えチームが連勝していても、うまくプレーができずに悩んでいる子供がいたり、2、3人の子供が一方的に何でも決めてしまっている場合があったりなど状況は様々です。

　「鬼遊び」では、一定の区域あるいは工夫した区域で、逃げる、追いかける、陣地を取り合うなどの簡単な規則による鬼遊びの中で学習を進めます。鬼遊びをあえて、体育の指導内容に位置付けている意義は何でしょうか。1つ目は「作戦を学びやすい」ことにあります。ボールゲームでは、簡単な攻め方を実行するには多少なりとも技能が必要です。ところが、鬼遊びの場合は技能がほとんど必要ないために、自分たちで決めた攻め方を実行しやすいのです。2つ目は「追う、追われる中で、様々な動きが複合的に身に付けられる」ことです。鬼遊びは動きを身に付ける（運動感覚を磨く）有効な手段になります。これらを念頭に置きながら、授業づくりを考えてください。鬼遊びでも、簡単な規則で楽しくゲームができるようにすることが大切です。得点の方法についても、マークを取ったり、ゴールラインを越えたりするだけで得点となるような簡単な規則でゲームを始めます。また、すぐに自分のマークを取られてしまったり、1人で相手（鬼）をかわしたり走り抜けたりすることができない場合は、2・3人で連携することや攻め方を見付けることを指導して、それらの解決に向けてスタート前に「攻め方を決める」ように課題を設定したり、楽しくゲームができる場や得点の方法などの規則を子供自らが選べるようにしたりするとよいでしょう。

(6) 表現リズム遊び

　表現運動系は、低学年を「表現リズム遊び」、中・高学年を「表現運動」で構成されています。低学年の表現リズム遊びは「表現遊び」「リズム遊び」で内容を構成されており、表現運動は、中学年を「表現」「リズムダンス」、高学年を「表現」「フォークダンス」で構成されています。リズムダンスとフォークダンスは混乱しがちですが、リズムダンスは、リズムに乗って全身で踊ったりしながら、仲間と関わって自由に動きを工夫して楽しむ創造的な学習です。これに対し、フォーク

ダンスは、伝承された踊りを身に付けてみんなで一緒に踊るのが楽しい運動であり、特定の踊り方を再現して踊る学習で進められるのが特徴です。

表現運動系は技ができるとか、記録を伸ばす領域と違って、何を目指すのかわかりにくさを感じる教師が多いことでしょう。しかし、赤ちゃんでさえものりのよい音楽を流すと体を動かし始めます。難しいことを考えるのは後にして、表現運動の楽しさを教師自身が味わえるような感覚が必要かもしれません。ですから、表現運動系における技能は「指先がどれくらい伸びているか」「回転がどれだけ滑らかか」「踊りを全く間違えなかったか」といったことではありません。例えば「表現」では、表したい感じを特徴や感じをとらえて「即興的に表現すること」と「簡単なひとまとまりの表現をすること」です。

表現運動系

低学年	中学年	高学年
表現リズム遊び	表現運動	
表現遊び	表現	
リズム遊び（フォークダンス）	リズムダンス	（リズムダンス）
	（フォークダンス）	フォークダンス

系統性を重視して、内容を整理
加えて指導できる内容を「内容の取扱い」に記載

器械運動の技のように、一定の方向に高めていくのではなく題材や曲のリズムなどを手がかりに、気付いたり、感じたりしたことを自由に表現することが保障されていることも大きな特徴です。よい動きのゴールは、1つではなく多様にあるのです。そのためには、子供が、自己の心身を解き放して踊ることができるようにしていくことが重要です。

低学年の「表現リズム遊び」は、身近な動物や乗り物などの題材の特徴をとらえて、そのものになりきって全身の動きで表現したり、軽快なリズムの音楽に乗って踊ったりして楽しむことができる運動遊びです。また、友達といろいろな動きを見付けて踊ったり、みんなで調子を合わせて踊ったりして楽しむこともできます。そのため、子供にとって身近で関心が高く、具体的で特徴のある動きを多く含む題材や、弾んで踊れるような軽快なリズムの音楽を取り上げるようにするとよいでしょう。低学年では、内容が2つに分けて示されていますが「表現遊び」と「リズム遊び」の両方を豊かに体験する中で、即興的な身体表現やリズムに乗って踊ることができるようにします。1時間の学習の中に「表現遊び」と「リズム遊び」の2つの内容を組み合わせたり関連をもたせたりするなど、律動的な活動を好むとともに、いろいろなものになりきやすいという低学年の特性を生かした進め方を工夫することが大切です。

表現遊びでは、身近な動物や乗り物などのいろいろな題材の様子や特徴をとらえて、そのものになりきって全身の動きで楽しく踊ることができるよう、題材と動きの例示として、「鳥、昆虫、恐竜、動物園などの動物や飛行機、遊園地の乗り物など」が学習指導要領解説に示されています。

リズム遊びでは、軽快なリズムの音楽に乗って弾んで自由に踊ったり、友達と調子を合わせたりして楽しく踊ることができるよう、リズムと動きの例示として、「弾んで踊れるようなやや速いテンポのロックやサンバなどの軽快なリズムの曲や子供にとって身近で関心の高い曲」などが学習指導要領解説で示されています。

低学年においては、子供が夢中になる題材を用意し、子供を引き込む言葉かけを心がけることが生き生きとした表現への重要ポイントです。そして、教師自身が心を解放し、一緒に楽しむことで、子供たちは表現リズム遊びに夢中になっていくことでしょう。

1 体つくり運動

単元の目標

- ●**運動**：様々な体のバランスや体の移動、用具を操作する動きや力試しの動きを身に付けることができるようにする。
- ●**態度**：運動に進んで取り組み、きまりを守り仲よく運動したり場の安全に気を付けたりできるようにする。
- ●**思考・判断**：多様な動きをつくる運動遊びの行い方を知り、友達のよい動きを見付けることができるようにする。

単元のこだわり

こだわり① 「動きのレパートリーを増やす」

この単元では、低学年の子供たちが楽しく活動する中で基本となる動きができるようになるとともに、動きを広げて「動きのレパートリーを増やす」ことが大切です。

4つの運動遊びをバランスよく授業の中で扱い、友達のよい動きを見付けたり真似したりしながら、たくさんの動きができるようにしましょう。

こだわり② 「楽しく動くうちに、あれ、できちゃった」

そして、なによりも「楽しく動いているうちに、動きが身に付いた」「できるようになった」という授業づくりが大切です。そのためには、動きのネーミングを思わずやってみたくなるようなものに工夫したり、伴奏音楽などを流して、楽しい雰囲気をつくったりすることなどの手立てが必要になります。

用意するもの

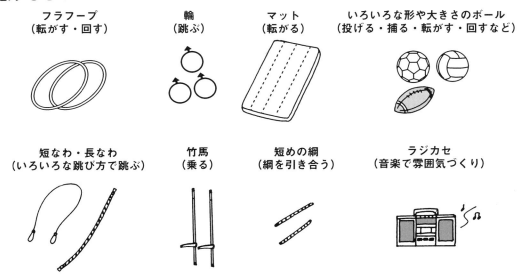

- フラフープ（転がす・回す）
- 輪（跳ぶ）
- マット（転がる）
- いろいろな形や大きさのボール（投げる・捕る・転がす・回すなど）
- 短なわ・長なわ（いろいろな跳び方で跳ぶ）
- 竹馬（乗る）
- 短めの綱（綱を引き合う）
- ラジカセ（音楽で雰囲気づくり）

多様な動き遊びの授業をつくろう

授業イメージ

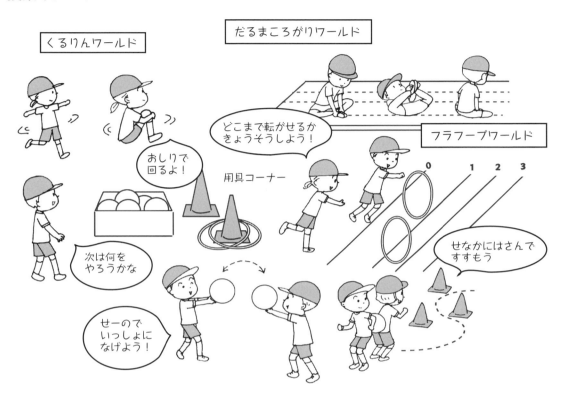

授業づくり上達への道

〈事前の準備が大切!〉

　用具の準備はもちろんですが、場をつくるために必要な掲示物や、子供たちが、どんな運動遊びを行うかについての掲示物などを事前につくっておくとよいですね。

〈教師も事前にやってみる!〉

　運動は、頭だけでなく、体でわかることが必要です。どうすれば正しい動きができるのか、また、どんな動きの広がりがあるか、子供の目線になり、教師も事前に1つ1つの動きをやってみましょう。

　教師がやってみることで、実際に子供たちがつまずいたときに、適切な言葉かけをすることができます。

1　体つくり運動　69

1年生

「たくさん動こう　WAIWAI ワールドⅠ」
バランスをとる運動遊び・用具を操作する運動遊び

▶ 単元前半の押さえどころ

　基本となる動き（子供たちに身に付けてほしい易しい動き）を教師と共に楽しく行い、身に付けていきます。楽しく進んでいろいろな動きに取り組めるように伴奏音楽を流したり、用具を工夫したりしていくことが大切です。

やってみよう（第1時～第3時）

1　準備運動（体ほぐしの運動）
　・フラフープおくり
　・あんたがたどこさ、など

POINT!!
音楽をかけて、楽しい雰囲気をつくっていきます。

2　今日のねらいの確認
　いろいろな動きができるようになって、WAI WAI ワールドⅠを楽しもう！

3　学習1：バランスをとる運動遊び
　教師や友達と一緒に基本となる動きをやってみる。
　・くるりんワールド　　・バランスずもうワールド

POINT!!
まず、教師が動きの手本を見せて、「みんなもやってみよう」と投げかけます。教師も一緒に行うということが大切です。

　・どんぐりころころワールド
　・エレベーターワールド

POINT!!
1時間に4つぐらいの運動を取り上げます。たくさんの動きを単元前半で経験し、動くことが楽しく好きになることが大切です。

4　学習2：用具を操作する運動遊び
　教師や友達と一緒に基本となる動きをやってみる。
　・ボールワールド　　・なわとびワールド　　・フラフープワールド

5　行った動きの確認
　・今日行った動きを全員でもう一度確認する。

6　まとめ
　・今日行った動きで、楽しかった動きや、もう一度やってみたい動きを発表する。

▶ 単元後半の工夫の視点

できるようになった動きを「む（向き）・か（数や形）・し（姿勢）」をキーワードに工夫をしていきます。前半で行った動きのコーナーを体育館につくり、自分がもっとやりたいと思う場で基本の動きを変化させて、動きのバリエーションを増やしていきます。

向き…後ろ向きで、右向き、左向き　　数……人数を増やす。減らす
形……やり方を変えてやってみる　　　姿勢…座って行う、立って行う、など

......

もっと楽しくなるように（第4時～第6時）

1　準備運動（体ほぐしの運動）
　・はないちもんめ
　・だるまさんが○○した、など

2　今日のねらいの確認
　　できるようになった動きを工夫して、WAI WAI ワールドⅠを楽しもう！

3　学習1
　・自分で場を選び、できるようになりたい動きや、工夫してみたい動きを行う。

POINT!!
場の通り方、用具の片づけ、友達と仲よく順番を守って遊ぶことなどの態度面も伝えましょう。

　・友達のかっこいい動きも、見付ける。

4　途中で確認
　・動きを工夫するときのキーワード「む・か・し」を確認する。
　・かっこいい友達の動きを紹介し合う。

POINT!!
友達のかっこいい動きを真似してみることも伝えます。

5　学習2
　・まだ、経験していない場やもう一度やりたい場で動きを工夫しながら行う。

6　まとめ
　・どんな工夫をして遊んだか、友達の動きのかっこよかったところなどを発表し合う。

1年生

「たくさん動こう　WAI WAI ワールドⅡ」
体を移動する運動遊び・力試しの運動遊び

▶ 単元前半の押さえどころ

「WAIWAIワールドⅡ」では、体を移動する運動遊びや力試しの運動遊びの基本となる動きを、教師と共に楽しく行い身に付けていきます。運動遊びの内容は変わりますが、Ⅰと同じように楽しい伴奏音楽を流したり、やってみたくなるような場づくりをすることが大切です。

やってみよう（第1時～第3時）

1　準備運動（体ほぐしの運動）
　・ラインウォーキングなど
　　体育館のラインの上を歩く。出会った友達とハイタッチする。スキップ、後ろ歩き、じゃんけん列車などを行う。

POINT!!
音楽をかけて、楽しい雰囲気をつくっていきます。

2　今日のねらいの確認
　いろいろな動きができるようになって、WAI WAIワールドⅡを楽しもう！

3　学習1：体を移動する運動遊び
　教師や友達と一緒に基本となる動きをやってみる。
　・てくてくワールド　　　　・ぴょんぴょんワールド

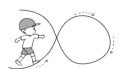 

　・ランランワールド（無理のない速さでのかけ足）

POINT!!
まず、教師が動きの手本を見せて、「みんなもやってみよう」と投げかけます。教師も一緒に行うということが大切です。

POINT!!
押したり引いたりするすもう遊びは、安全面にも留意して、マットの上で行います。

4　学習2：力試しの運動遊び
　教師や友達と一緒に基本となる動きをやってみる。
　・おすもうワールド　　・ひっぱりっこワールド　　・チクタク時計ワールド

5　行った動きの確認
　・今日行った動きを全員でもう一度確認する。

6　まとめ
　・今日行った動きで、楽しかった動きや、もう一度やってみたい動きを発表する。

▶ 単元後半の工夫の視点

できるようになった動きを「む（向き）・か（数や形）・し（姿勢）」をキーワードに工夫をしていきます。子供から工夫を引き出しにくいときは、教師から「こんな姿勢でもできる？」「人数を増やしてもできるかな」と声をかけていきます。

もっと楽しくなるように（第4時～第6時）

1 **準備運動（体ほぐしの運動）**
　・もうじゅうがりにいこうよ、など
　　教師のかけ声のもと、友達と集まってグループをつくる。

2 **今日のねらいの確認**

> できるようになった動きを工夫して、WAI WAI ワールドⅡを楽しもう！

3 **学習1**
　・自分で場を選び、できるようになりたい動きや、工夫してみたい動きを行う。

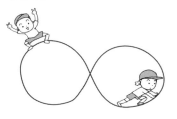

POINT!!
場の通り方、用具の片づけ、友達と仲よく順番を守って遊ぶことなどの態度面も伝えましょう。

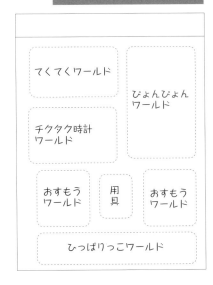

　・友達のかっこいい動きも、見付ける。

4 **途中で確認**
　・動きを工夫するときのキーワード「む・か・し」を確認する。
　・かっこいい友達の動きを紹介し合う。

> **POINT!!**
> 友達のかっこいい動きを真似してみることも伝える。

5 **学習2**
　・まだ、経験していない場やもう一度やりたい場で動きを工夫しながら行う。

6 **まとめ**
　・どんな工夫をして遊んだか、友達の動きのかっこよかったところなどを発表し合う。

勝負時間の進め方：WAIWAI ワールド I

1時間目　場の設定やネーミング、かけ声で子供の心をつかむ！

子供の活動	よい授業のためのポイント
○整列 1　準備運動 　　体ほぐしの運動：フラフープおくり	・音楽をかけ、楽しい雰囲気をつくり、運動遊びへの意欲を高めます。
2　今日のねらいの確認 　　WAIWAI ワールドでたくさんの動きができるようになろう！！ 合言葉は？ みんなで！　楽しく！ WAIWAI ワールド！！	・本時に行う動きを掲示物にして貼りながら説明をすることで、動きのイメージをつかませます。 ・「みんなで楽しく！WAIWAI ワールド！」などと声を出すことで子供たちの意欲を高めます。
3　バランスをとる運動遊びや用具を操作する運動遊びを行う 《バランスをとる運動遊び》 　・くるりんワールド くるりんワールドの動きだよ。こんなふうに回れるかなー？ 先生！　見てー　上手に回れてる??	・子供にとっては、初めての動きなので、教師がはじめに見本を見せて、「こんな動きできるかな？　一緒にやってみよう」と投げかけると、安心感をもって取り組むことができます。
・バランスずもうワールド すぐ負けちゃうよー バランスずもうは、足の裏に力を入れて足を肩幅に開くと倒れにくくなりますよ。	・基本の動きがうまくできない子へは、近くに行って動きのコツを伝えます。一緒にやってみるのも効果的です。

《用具を操作する運動遊び》
・ボールワールド
　上に投げる、捕る動き

・ボールを投げて捕る動きなどでも、合言葉などをみんなで言いながら行うと楽しくできます。

体の周りを回す動き

・いろいろな友達と運動遊びができるようにする。
　（例）隣の席の友達、出席番号、
　　　　生活班で、など
・関わりも生まれ、また、友達のよい動きも見付けることができます。

・なわとびワールド

なわが上にきたとき
くぐってね

・基本の動きができていたかどうかで評価します。できていない子には、その動きができるように動きのコツを伝えたり、一緒に動いたりして、できるようにしていきます。

4. 行った動きの確認
　・今日は、どんな動きをしたかを確認する。

・多くの動きを行うので、忘れないように必ず確認の時間をとります。

5. まとめ
　・今日やった動きで楽しかったことや、またやってみたい動きを発表し合う。

・楽しく運動遊びができたかを、子供たちから聞き出します。

ちょっと教えて!!

Q どんな動きを取り上げればよいか、わかりません！

A 文部科学省から「多様な動きをつくる運動（遊び）」についてのパンフレットが各学校に配布されています。動きの例が詳しく掲載されているので、参考にしてください。ホームページからもダウンロードすることができます。

ちょっと教えて!!

Q 場がたくさんあると、教師はどうやって子供たちを指導・支援するのでしょうか。

A 危険なことや、態度面で指導したいときは、途中でも全員集めて話をしましょう。動きのいい子供がいたら、大きい声で褒めると、体育館全体に「私もがんばろう！」という雰囲気ができます。

4時間目　動きの工夫がたくさん出るように

子供の活動	よい授業のためのポイント
○整列 **1　準備運動** 　体ほぐしの運動：もうじゅうがりに行こうよ  **2　今日のねらいの確認** 　できるようになった動きを工夫して、WAIWAIワールドを楽しもう！  **3　自分でやりたい場を選んで、いろいろな動きでやってみよう** 　私は、ボールワールドで友達とボール投げするよ。 　次はこれをやってみよう。 バランスずもうを立ってやってみたよ。難しくなったよ。 すごいね！ほかにはできるかな。 	・教師も盛り上がることで、子供たちも意欲的になり、学習が楽しくスタートできます。 ・工夫の仕方の例を示して、できるようになった動きをたくさん変えながら行うことを伝えます。 ・工夫の仕方がわからない子には、工夫の例を掲示し、その動きを真似してやってみることを伝えます。 ・友達のよい動きをどんどん真似してやってみることを伝えます。 ・紹介された友達が動きを見せたら、みんなで大きな拍手をして盛り上げると、意欲が倍増します。 ・動きをいろいろと工夫している子供をたくさん褒めることで、クラス全体に工夫するよさが広がります。

4　友達のよい動きを紹介し合う ○○さんが、くるりんワールドで小さくなって回っててすごかったです。 すごい！ぼくもやってみよう。	・自分が一緒に動きを行った友達の上手だったところを出し合って、動きのコツとして紹介していくようにします。
5．もう一度、場へ移動し、いろいろな動きでやってみる ○○さんがやってた動きを真似してやってみようっと。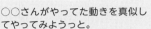  くるっと回ってじゃんけんぽん。　　せーので転がそう。	・まだやったことのない場や遊び方で遊んでみるとよいことを伝え、できるだけたくさんの動きを経験したり、動きのバリエーションを増やしたりしていきます。 ・場を移動するときは、運動の場を横切らないことや、使った用具をしっかり片づけることを伝えます。
6　まとめ ・今日やって動きでどんな工夫をしたか、どんなことが楽しかったかを発表し合う。 　僕は、フラフープを後ろ向きで転がしました。遠くまで転がって楽しかったです。	・ねらいについて、振り返ります。特によくできたことをたくさん褒めましょう。

··

ちょっと教えて!!

Q 多様な動きつくる運動遊びは校庭ではできないの？

A 体を移動する運動遊びなどは、校庭でも十分できるものもあります。体育館を使用することができないときなど、校庭でも場を工夫して行いましょう。

··

ちょっと教えて!!

Q 素早く、子供が場の準備や片づけを行うにはどうしたらいいの？

A グループで、どの場を準備・片づけをするか固定し、毎時間その場の担当にします。場の全体図の写真をあらかじめ撮っておき、それを見せることで素早く行うことができます。

2年生

2年生では、こんな発展を目指そう

「みんなであそぼう WAIWAI ワールド！」
バランスをとる運動遊び・用具を操作する運動遊び

＊体を移動する運動遊びと力試しの運動遊びも同じような流れで行います。

やってみよう（第1時〜第3時）

1 **準備運動（体ほぐしの運動）**
   ・体じゃんけん
   ・新聞をつかった体ほぐし、など

2 **今日のねらいの確認**

   | 1年生のときにやった動きを思い出しながら、いろいろな動き方でやってみよう。 |

3 **学習1**
   ・それぞれの場の遊び方を知り、グループで順番に動きを経験したり工夫したりする。

この遊び、1年生のときもやったね。僕は後ろ向きでやったよ。

POINT!!
場の説明をしながら、1年生での活動を振り返ります。

4 **途中で確認**
   ・他のグループの動きのかっこいいところや、仲よく約束を守って活動しているグループを紹介する。

5 **学習2**
   ・4つの場をつくり、順番に動きを経験します。
   ・まだ行っていない場にグループで行って、動きを経験したり、工夫したりする。

POINT!!
どんな工夫をしたか、付箋紙や学習カードに書かせておくと、単元後半に活用できます。

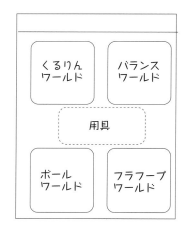

6 **まとめ**
   ・どの場や遊び方が楽しかったかを、グループで振り返る。
   ・他のグループの遊び方で、やってみたいことがあれば発表する。

ちょっと教えて!!

Q グループって、何人ぐらいがいいの？

A 4人組が適しています。生活班だと、給食のときなどにも運動遊びについて話し合えるのでいいですね。人数の多いクラスの場合は、多くても8グループ以内になるようにするとよいでしょう。

2年生での押さえどころ

　2年生では、1年生でできるようになった動きを、グループで工夫して楽しみます。単元前半ではいろいろな場で動きをグループで工夫して楽しみ、後半は自分たちのグループのお気に入りの場で、遊び方を紹介し、他の友達に遊んでもらう「お店屋さんごっこ」形式で進めていきます。

もっと楽しくなるように（第4時～第6時）

1 　準備運動（体ほぐしの運動）
　・キツネとガチョウ、花いちもんめなど（P.80参照）

2 　今日のねらいの確認

> グループで、動きを友達に教えて、みんなでWAIWAIワールドを楽しもう！

3 　学習1 ：前半グループの友達の遊びを経験する
　・前半にお店屋さんの4グループが遊びの場を準備し、友達（お客さん）に遊びを教える。
　・お店屋さんも一緒に活動して動く。

僕たちと、バランスずもうで対戦しましょう。僕らに勝つコツは、足を開いて足の裏に力を入れて、バランスをとることです！

ここは、フラフープワールドです。みんなでどこまで転がせるか競争しましょう！

4 　途中で確認
　・やってみたお店（場や遊び方）で楽しかったこと、できるようになったことを発表する。

5 　学習2 ：後半グループの友達の遊びを経験する
　・後半のお店屋さんの4グループが遊びの場を準備し、友達（お客さん）に遊びを教える。
　・お店屋さんも一緒に活動して動く。

6 　まとめ
　・WAIWAIワールドで、自分でどんな遊び方や動き方を工夫したか。
　・友達のかっこよかった動きや、よい遊びを見付けられたか。

POINT!!
2年間のまとめとして、しっかり学習カードにも記入します。

ちょっと教えて!!

Q　お店屋さん形式だと、お店の子は運動量が少なくならないか心配です。

A　子供たちの遊びの工夫やよい動きを見付けるためには「お店屋さん形式」はおすすめです。
　お店役の子供も、自分たちの遊びを紹介し、お手本を示すことで、できるだけ多く一緒に動くようにすると運動量も確保できます。

CHECK!! これを知っておくと便利

▶ 授業のはじまりは、「体ほぐしの運動」を取り入れよう！

　体つくり運動の内容には、「体ほぐしの運動」も示されています。低学年の子供たちは、毎時間のはじめに体ほぐしの運動を取り入れて、心と体をほぐします。低学年の体ほぐし運動では、まずみんなで一緒に取り組んで楽しいことが大切です。

（体ほぐしの運動：運動例）

からだじゃんけん	きゅうりの塩もみ
行い方：教師の合図に合わせ、体全体を使って全員（教師 vs 子供）でじゃんけんをする。 ー手立てー ・みんなで大きな声を出して全身を大きく動かす。 ・慣れてきたら生活グループ毎に行う。	行い方：体に触れ合って互いの体の様子を感じる。 ー手立てー ・友達の体のいろいろな部位に触れたり、強弱を付けたりして楽しむ。 ・「気持ちいいかな？」など、声をかけ合って気持ちよさを確かめ合いながら楽しむ。
花いちもんめ	キツネとガチョウ
行い方：7〜8人の友達と手をつなぎ横1列になり、相手グループと向き合って、「勝ってうれしい花いちもんめ…」の歌に合わせて楽しむ。 ー手立てー ・手をつないだ友達と、わらべ歌を大きな声で歌い、みんなでリズムを合わせて楽しむ。	行い方：キツネ役がガチョウ役の一番後ろの子を捕まえる。 ー手立てー ・仲間と動きやタイミングを合わせて、相手からうまく逃げられるように工夫する。

もうじゅうがりにいこうよ

行い方：教師の「猛獣狩りに行こうよ…」のかけ声に合わせ、声を出してポーズをとり、動物の文字数と同じ人数で手をつないで集まり、座る。

ー手立てー
全員で大きな声を出し、全身を動かしてポーズをとって楽しく行う。
いろいろな人数で集まれるように動物名を考える。

だるまさんがころんだ（伝承遊び）	なべなべそこぬけ（伝承遊び）
行い方：「だるまさんが転んだ」で、かけ声に合わせて、ぴったりストップする。 ー手立てー ・かけ声のタイミングに変化を付けて行う。	行い方：2人組で手をつないでわらべ歌に合わせて楽しむ。 ー手立てー ・歌に合わせてスライドして相手を代えるなど、人数を増やしながらいろいろな友達と楽しめるようにする。

▶ 多様な動きをつくる運動遊びでは、こんな動きをやってみよう!!!

※これらの動きに「む（向き）・か（数や形）・し（姿勢）」をキーワードに工夫していきます。

（バランスをとる運動遊び）

寝転ぶ・起きる　　バランスを保つ　　座る・立つ　　回る

（体を移動する運動遊び）

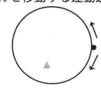  

這う・歩く・走る　　跳ぶ・はねる　　かけ足

（用具を操作する運動遊び）

体の周りや足の間を回す　　顔の間に挟んで　　両手や片手で投げる、捕る

輪を転がす　　輪を回す　　短なわで前・後ろ跳び　　大なわで大波・小波

（力試しの運動遊び）

押したり、引いたりするすもう　　おんぶで運ぶ　　支点として回る

1　体つくり運動　　81

▶ こんな場の工夫・活動内容の工夫

①校庭に下図のようなコースをつくって、いろいろな運動遊びを行うこともできます。サーキットのように場をつくって、それぞれの場所から子供たちをスタートさせると混雑することなく、活動することができます。

②ワクワクするようなキャラクターをつくって、「○○ランドに挑戦！」などとテーマを決めると意欲が高まります。

③クラスみんなで、できるようになった動きでビンゴをつくって挑戦することもできます。

教師のちょっとしたひと工夫

フラフープはコーンにかけて活動の場所に置いておくと、準備や片づけが低学年の子供たちにも行いやすいです。

この場がどのような動きの場なのかを示す掲示物は、低学年の子供たちには絶対に必要です。遊びの場を選ぶときにも、役に立ちます。

ボールは、跳び箱に入れると低学年の子供たちにも取りやすく、片づけやすいでしょう。また、転がっていかない、というメリットがあります。

身の回りにあるもので用具がつくれます。例えば、給食で使った缶にひもを通して、缶ぽっくりをつくることができます。

2　器械・器具を使っての運動遊び

単元の目標

- **技能**：いろいろな方向への転がり、手で支えての体の保持や回転をすることができるようにする。
- **態度**：運動に進んで取り組み、きまりを守り仲よく運動をしたり、場の安全に気を付けたりすることができるようにする。
- **思考・判断**：器械・器具を用いた簡単な遊び方を工夫できるようにする。

単元のこだわり

「動きたい！」「やってみたい！」という低学年の子供たちの思いを大切にして授業を構成し、「マット遊びって楽しい」「できそう」と自信をもてるような単元にすることが大切です。

そのために…

○誰にでもできる簡単な動きから始めます。易しい動きをたくさんできるようにします。

○たっぷりと運動ができるように２人で１枚のマットを使って活動するなど、場づくりを工夫します（学校にあるマットの数と児童数から考えます）。

○とにかく、たくさん褒めるようにします。上手にできることはもちろん、前より上達したことなど、小さな進歩を見逃さないようにしましょう。苦手だけれど、一生懸命やっている子供には必ずそのがんばりを褒めていきたいものです。

用意するもの

○マット：いろいろな動きにチャレンジできるよう、多様な場を設定していきます。

○ビールケース：マットをかぶせることで台の上へ前転するなど、チャレンジの運動として使用します。酒屋で購入できます。

○ろくぼく：安全に気を付け、子供たちにきまりを守らせます。

○その他：あると便利な小物（P.95 参照）

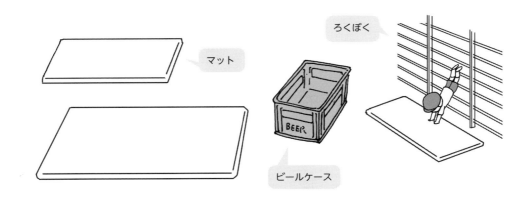

マット遊びの授業をつくろう

授業イメージ

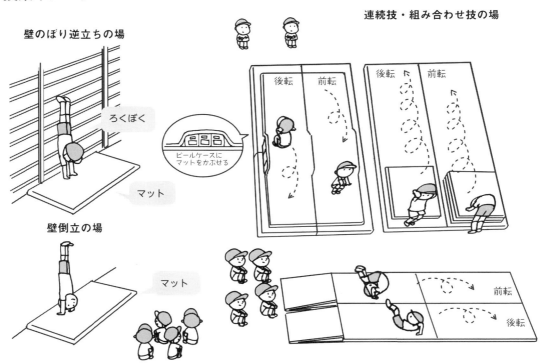

授業づくり上達への道

〈導入が勝負どころ〉

マットの上でコロコロ転がることからスタートします。子供たちは回転で感じる、くるくるするめまいの感覚が好きなのです。

〈ルールの確認を徹底〉

用具の準備や片づけも学習です。マットの運び方も必ず指導しましょう。順番を守ることは、安全のためにも大切です。

 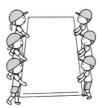 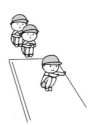

1年生

「マットランドでコロコロ遊び・逆さ遊びをしよう！」

▶ 単元前半の押さえどころ

　ゆりかごで、「お尻→背中→後頭部」の順に滑らかにマットに着けることができるようにしたり、丸太転がりや前転がりなど、簡単な転がりができるようにしたりします。また、学習の約束を守って、安全に一生懸命運動することができるようにすることも大切です。

やってみよう（第1時～第3時）

1　**準備運動**
　転がったり、動物に変身して進んだりする。
　・丸太転がり、じゃがいも転がり
　・クマ歩き、アザラシ歩き

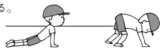

POINT!!
「何かに変身して動こう」と投げかけることで、楽しさとわくわく感を高めます。

2　**今日のねらいの確認**
　| ころころころがったり、手や首で体をささえたりしよう！ |

3　学習1
　基本の動きを一斉に行う。
　（1）ゆりかご
　（2）首倒立
　（3）かえるの足打ち

POINT!!
簡単な動きから始めること、1つ1つの動きを丁寧に指導することで、できそうだという思いを引き出すようにします。

4　**途中で確認**
　自分が上手にできたかどうかを聞く。よい動きの子供を紹介する。

5　学習2
　ちょっと難しい動きに挑戦しよう。
　（1）前転がり
　（2）後ろ転がり
　（3）川跳び

POINT!!
運動への意欲を継続させるためには、目指す動きになっていなくても、よいところや上達したところを見付けて褒めていくようにしましょう。

6　**まとめ**
　目指す動きができている子供に、お手本としてやってもらう。

▶ 単元後半の工夫の視点

前半に行った簡単な転がりをスムーズに行えるようにするとともに、首や手で体を支えることができるようにします。また、友達のよい動きを見付けることができるようにすることも意識します。いろいろな動き方を見付けることが大切です。

もっと楽しくなるように（第4時～第6時）

1. **準備運動**
   転がったり、動物に変身して進んだりする。
   ・丸太転がり、じゃがいも転がり
   ・クマ歩き、アザラシ歩き

   POINT!!
   やり方はわかっているので、テンポよく進めましょう。

2. **今日のねらいの確認**
   > なめらかにころがったり、手や首で体をささえたりしよう！

3. **学習1**
   基本の動きを一斉に行います。
   （1）ゆりかご　　（2）首倒立
   （3）前転がり　　（4）後ろ転がり
   （5）かえるの足打ち　（6）川跳び

   POINT!!
   ゆりかごや首倒立は隣の友達とそろえてやると、楽しさが増します。

4. **途中で確認**
   上手な友達を見付けたかどうか、聞いてみる。

5. **学習2**
   3つの場をつくり、順番に動きを経験する。その際、いろいろな動き方を見付けた子供を称賛する。

ゆりかご 首倒立の場	かえるの足打ち 川跳びの場
	転がりの場

   POINT!!
   それぞれの場での行い方を動きながら確認すると安心です。
   安全に行うためには、約束を守らせます。前の人がマットから出て「いいよ」の合図が出てから、次の人がやります。

6. **まとめ**
   目指す動きや工夫した動きができている子供にお手本としてやってもらう。

ちょっと教えて!!

Q 子供が話をしっかりと聞かないのですが、どうすればいいですか？

A 運動する前に教師が話をしてないですか？　低学年の子供たちは、「動きたい！」という欲求がとても強いのです。まずは、楽しく遊んで欲求を満たしてから、学習について話すようにしましょう。また、わかりやすく簡潔に伝えることも大切です。

▶ 勝負時間の進め方

1時間目　導入で子供の心をわしづかみ	
子供の活動	よい授業のためのポイント
○準備・整列 **1　準備運動** 　転がったり、動物に変身して進んだりする。 　・丸太転がり、じゃがいも転がり 　・クマ歩き、アザラシ歩き **2　今日のねらいの確認** 　　ころころころがったり、手や首で体をささえたりしよう！	・マットを島に、床を海に見立て、海へ落ちないように転がるようにすると、楽しみながら夢中になって行えます。 ・指をまっすぐ伸ばしてマットに着くこと、ひじもピンと伸ばして体を支えることを伝えましょう。  ・かたはばで ・ゆびをひらいて ・黒板に書いたねらいをみんなで声に出して読んで確認し、意欲を高めます。
3　学習1 　基本の動きを一斉に行う。 　（1）ゆりかご 	・学習1のゆりかごで、「お尻→背中→後頭部」の順に滑らかにマットに着けて転がっている子供を見付けておきます。
（2）首倒立 	・ゆりかごや首倒立はマットに横並びで行うと、友達の動きを感じることができて楽しく、苦手な子供も何度も取り組もうとします。
（3）かえるの足打ち 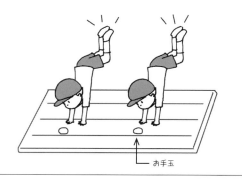	・かえるの足打ちでは、手の着き方と目の位置をしっかり確認します。 ・あごを出し、お手玉などを目印として置いておき、目線を前方になるようにします。

4　振り返ろう 　自分が上手にできたかどうかを聞く。 　よい動きの子供を紹介する。	・「倒立で足先までピンと伸びているよ」「かえるの足打ちで２回たたけるよ」など、よいポイントを具体的に伝えてから手本となる子供の動きを見せるようにします。
5　学習2 　ちょっと難しい動きに挑戦しよう。 　(1) 前転がり	・ペアや３〜４人の小グループで行うと、待ち時間が少なくたっぷり運動することができます。

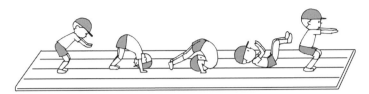

(2) 後ろ転がり	・マットは一方通行で使うことを約束します。 ・転がったら前で待っている友達とタッチして、次の人が出るというリレー形式でやると夢中になって何度もできます。

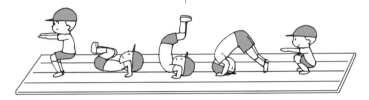

(3) 川跳び

・かえるの足打ちでやったように、両手でしっかり体を支えること、手の指先の少し上を見ることを確認しましょう。

6　まとめ 　・目指す動きができている子供にお手本としてやってもらう。 　・上手な動きを真似して、もう一度挑戦する。	・頭から背中にドスンと落ちるような前転がりでなく、あごを引き、おへそを見ながら順々に「頭→肩→背中」とマットに着いている子供を紹介します。 ・上手な子の動きを真似して、上達することができた子供を紹介して褒める。

ちょっと教えて!!

Q　どんな準備運動をすればいいですか？

A　ラジオ体操や屈伸、伸脚といったものは必要ありません。単元の学習に関係ある楽しい運動を準備運動として行います。誰にでもできて、できるだけ全員が一斉に動けるものがよいでしょう。例えば、マット遊びではクマ歩きやアザラシ歩きを行い、腕で体を支える感覚を味わえるようにしましょう。

クマ歩き　　アザラシ歩き

4時間目　後半のスタートを確実に

子供の活動	よい授業のためのポイント
○準備・整列 **1　準備運動** 　転がったり、動物に変身して進んだりする。 　・丸太転がり、じゃがいも転がり 　・クマ歩き、アザラシ歩き	・「マットから落ちないように転がれるかな？」と少し難しい動きに挑戦していくと、より楽しさが増します。指先を見て回ると、あごが上がり体がピンとなってまっすぐ回転できます。 ・クマ歩きやアザラシ歩きにじゃんけんを取り入れると盛り上がります。
2　今日のねらいの確認 　なめらかにころがったり、手や首で体をささえたりしよう！	・黒板に書いたねらいをみんなで声に出して読んで、目指す動きを確認します。
3　学習1 　基本の動きを一斉に行う。 　（1）ゆりかご  　（2）首倒立 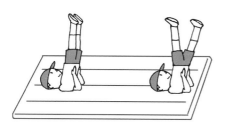 　（3）前転がり 　（4）後ろ転がり 　（5）かえるの足打ち 　（6）川跳び 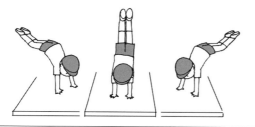	・（1）ではオノマトペを使って言葉をかけると、みんなで動きをそろえるといった感覚を味わえて楽しい動きになります。 ［オノマトペの例］ 　①「ゴローン」：転がるときの言葉かけ 　②「シュタッ」：立つときの言葉かけ 　③「ゴローン、ゴローン、シュタッ」：上記の組み合わせ ・（2）では「5秒できるかな」と、数を示すと意欲が高まります。 ・（3）〜（6）では、やる人、見る人（数える人）、待つ人（数える人）と交代の仕方を決めておくと、子供たちで繰り返し運動ができるようになります。

4 振り返ろう

上手な友達を見付けるポイントを伝える。

- ゆりかごでは、体を丸くして、前後に滑らかに何度も揺らすことが上手な友達。
- 首倒立では、背中から足先までピンと伸びている友達。
- かえるの足打ちでは、たくさん足打ちができている友達。
- 川跳びでは、腰がぐんと高く上がっている友達。

- 後ろ転がりが苦手な子供には、ゆりかごで腰を上げること、足先が頭を越えること、マットにタッチすることに挑戦させていきます。足先が頭を越えたときに、手でマットをぐっと押すようにするとよいでしょう。

> タイミグをみて、「押す！」と言葉をかけてあげるといいですね。

- 川跳びは、両手を高く上げて構えてから振り下ろすようにして跳び越えると高く腰が上がります。

> 「せーの」や「ばんざーい」と言葉をかけながらやると動きがわかりやすいです。

5 学習2

3つの場をつくり、順番に動きを経験していく。

ゆりかご・首倒立の場

- 音楽が鳴っている3〜4分間は1つの場で運動をします。次の曲になったら場を変えます。

かえるの足打ち
川跳びの場

- 3つにグループ分けをしておき、スタートの場と順番を伝えます。どの順に動くかを黒板などに示しておくと混乱が防げます。

転がりの場

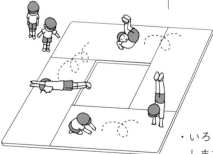

- いろいろな動きが工夫されていることも称賛します。

6 まとめ

目指す動きができている子供にお手本としてやってもらう。

- よい動きのポイントを押さえておくと、動きが安定してきます。

2年生

2年生では、こんな発展を目指そう

「スーパーマットランドで逆さ遊び・転がり遊びをかっこよくしよう！」

やってみよう（第1時～第3時）

1　準備運動

1年生の運動を想起する。
丸太転がり、じゃがいも転がり、クマ歩き、アザラシ歩き、ゆりかご、首倒立、川跳び
前転がり、後ろ転がり、かえるの足打ち

> **POINT!!**
> 1年ぶりの学習です。できなくなっていることもありますが、楽しい雰囲気で行います。学習へのわくわく感を高めていきましょう。

2　今日のねらいの確認

前転がりや後ろ転がりや川とびををかっこよくやろう！

3　学習1

ろくぼく登り逆立ちや
壁登り逆立ちに挑戦する。

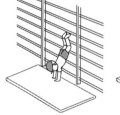

> **POINT!!**
> 「何番目の線のところまで足が届くかな」と言葉をかけると挑戦意欲が湧きます。

4　途中で確認

1年生で学習した動きができたかどうかを聞く。
ろくぼく登りや壁登り逆立ちができそうな感じがするかを聞く。

5　学習2

4つの場をつくり、順番に運動を経験する。

壁登り 逆立ちの場	後ろ転がりの場
1枚マットの場 前転がり・川跳び	ロングマットの場 連続・組み合わせ

> **POINT!!**
> それぞれの場での行い方を動きながら確認すると安心です。「上手な友達を後で紹介してね」と伝えておくと、友達の動きを注意深く見るようになります。

6　まとめ

自分が上手にできたかどうかを聞く。
よい動きの子供を紹介する。

ちょっと教えて!!

Q　「できる、できない」の差が生まれてしまうのですが、どうすればよいですか？

A　あまり追い込まないようにしてください。とにかく運動嫌いにしないこと、楽しく運動をすることが大切です。できなくても精一杯活動をしていることを認めてあげてください。取り組んでいくうちに、できるようになることもあります。そして、小さな成長も見逃さずに褒めてあげてください。

▶ 2年生での押さえどころ

首で体を支えること（首倒立）、かえるの足打ちや壁登り逆立ち、川跳びのように腕で体を支えることができるようにします。楽しく遊ぶ場や遊び方を選んだり、友達のよい動きを見付けたりできるような学習を展開しましょう。また、学習の約束を守って、安全に一生懸命運動することができるようにすることも忘れてはいけません。

もっと楽しくなるように（第4時〜第6時）

1 **準備運動**
ゆりかご・首倒立・壁登り逆立ちをする。

POINT!!
ゆりかごは滑らかな動きで、首倒立は足のつま先までピンと伸ばすとかっこいいことを伝えます。

2 **今日のねらいの確認**

> かべのぼりさか立ちをかっこよくやったり、自分で場所をえらんでうんどうしたりしよう！

3 **学習1**
4つの場を順番に巡って運動をする。

壁登り 逆立ちの場	後ろ転がりの場
1枚マットの場 前転がり・川跳び	ロングマットの場 連続・組み合わせ

POINT!!
意欲をさらに高めるとともに、時間管理を容易にするために、音楽をかけます。自分のペースでどんどん運動することで、さらに楽しさが増します。

4 **途中で確認**
自分が上手にできたかどうかを聞く。
よい動きの子供を紹介する。

POINT!!
できていなくても、「できた！」という子供もいます。それも認めて、その気にさせて、意欲の継続を図ります。

5 **学習2**
学習1で行った中から、自分がやってみたい場を選んで運動をする。

POINT!!
選べない子供には、「もっとやってみたい動きはない？」「上手になりたい動きはない？」と聞いて、一緒に決めるようにします。

6 **まとめ**
自分が上手になったこと、できるようになったことを聞く。
苦手な子供でがんばっていたり、成長が著しかったりする子供を紹介する。

ちょっと教えて!!

Q 場が増えてしまったときの立ち位置はどうすればよいですか？

A 活動全体が見える場所に立つようにします。体育館の中心に入ってしまうと、全体が見えにくくなります。マットの周りを回るように歩くと全体が視界に入ります。子供たちの実態によっては、1つの場所で支援や補助をしなくてはいけないときもあります。そんなときでも、全体を見ることを忘れてはいけません。

CHECK!! これを知っておくと便利 Part1

▶ 後ろ転がりができない子供への手立て

☆ゆりかごが大切！

できるだけゆっくり行い、マットに触れているところが順番に移動していく感じをつかめるようにすると、回転しながらの姿勢がわかるようになってきます。

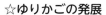

後ろ転がりでは、足先が頭を越えなくてはなりません。そこで、ゆりかごを行い足のつま先でマットにタッチすることに挑戦してみてください。

☆ゆりかごの発展

〈ゆりかごからしゃがみ立ち〉　　　　　　　　〈ゆりかごから後転〉

☆工夫したいろいろな場

重ねマットの場	坂道マットの場

首がちょうどマットの段差にくるように調整して座り、重ねたマット上から回転をします。	スピードが出るので比較的容易に回れます。手を着くことを忘れないようにします。

小さな丘の場

ビールケースにマットをかぶせる

▶ どうしてもできない子供には？

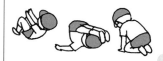

斜めに回転し、肩ごしに後方へ回るように助言します。

背中を押すと首を痛めてしまう場合があるので、腰を持ち上げるように補助します。必ず指導者が補助するようにしましょう。

CHECK!! これを知っておくと便利 Part2

▶ あると便利な小物

画用紙に目を描いたもの 　お手玉 　シートなどを切った手形・足型

＊かえるの足打ちや壁登り逆立ちの目線を決めるときに使います。

＊手の着き場所、足の置き場を確認するときに使います。

▶ マット遊びにつながる動き→動物歩き

低学年では運動経験に大きな差があり、体がよく動く子とそうでない子にはっきりと分かれてしまうことがあります。マット遊びで目指す動きができるようになるためには、体つくり運動の学習などで前述のクマ・アザラシのような動物歩きを行い、手足を思う存分動かしたり、両腕で体を支える感覚などを養ったりしておくことが大切になってきます。

クモ歩き

お尻が低くならないように、おへそを空に近付けるようにします。

ウサギ歩き

両手→両足と交互に跳んでいきます。両腕にしっかりと体重が乗る感じを味わえるようにしましょう。

全員が必ずやる場の設定

片道の動物走り競争をします。

合図が鳴ったら、向こうの線までクマ走りをするよ。

ゲーム性を取り入れる　すごろく走り

それぞれのコーンに4等分した人数の子供を配置します。友達とじゃんけんをして勝ったら次のコーンに進みます。1周したら1点とします。

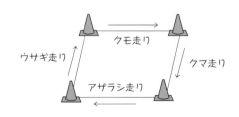

ゲーム性を取り入れる（じゃんけん関所）

友達のところまで動物走りで行って、じゃんけんをします。勝ったら、また動物走りで進みます。負けたら、コートの外を通ってスタートへ戻ります。

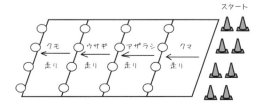

3 器械・器具を使っての運動遊び

単元の目標

- ●**技能**：跳び乗りや跳び下り、手を着いてのまたぎ乗りや跳び乗りをすることができるようにする。
- ●**態度**：運動に進んで取り組み、きまりを守り仲よく運動をしたり、場の安全に気を付けたりすることができるようにする。
- ●**思考・判断**：器械・器具を用いた簡単な遊び方を工夫できるようにする。

単元のこだわり

何度も何度も夢中になって遊んでいるうちに、いつの間にかできていたという授業を目指します。そのために、

- ○動きのイメージをもって学習できる単元名を設定します。「忍者のようにかっこよく跳び越えたり、シュタッと着地したりできるといいな〜」と投げかけて学習をスタートします。
- ○「苦手だな」「こわいな」と思っている子供も、思わずやってみたくなる場づくりをします。
- ○誰にでもできる簡単な動きから始めます。
- ○転んでも痛くない、怪我をしにくいように安全面に配慮します。
- ○目指す動きができている子供を紹介して、動きを真似するよう促します。
- ○準備や片づけをまじめに行える子供、学習のきまりを守って一生懸命運動をしている子供、技能の上達が見える子供を褒めるようにします。

用意するもの

- ○跳び箱：子供たちの技能に合わせて、小さな跳び箱を用意します。
- ○マット：通常のマット、ロングマットに加え、ステージ用にセーフティマットを使います。
- ○トランポリン：ステージへの跳び上がりで使います。
- ○踏み切り板：ステージへの跳び上がりで使います。

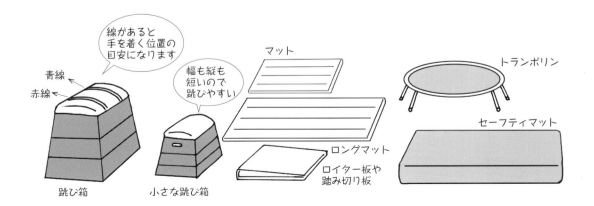

跳び箱遊びの授業をつくろう

授業イメージ

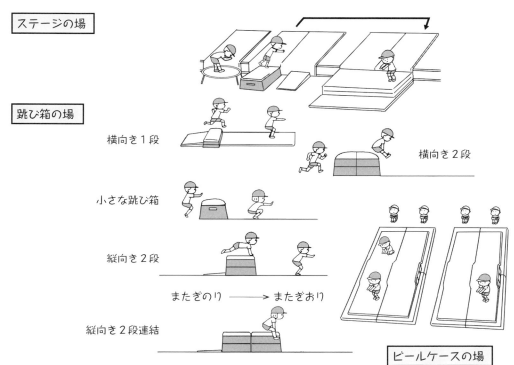

授業づくり上達への道

〈導入が勝負どころ〉

小さな台を跳び越えたり、台の上から跳び下りたりすることから始めると、怖さが薄れます。安全のために着地を大切にします。

忍者のようにかっこよく着地を決めよう！

〈順番待ちとよい動きの見付け方〉

自分の跳ぶ順番を守ること、友達のよい動きを見付けることも大切です。

やっていいよ！

「手をどこに着いているかな？」
「両足で踏み切れているかな？」
など見るポイントを示します。

1年生
「跳び箱ランドで忍者修行をしよう！」

▶ 単元前半の押さえどころ

　片足や両足で踏み切って跳び箱に跳び乗ったり、ジャンプして跳び下りたりできるようにします。また、学習の約束を守ることも大切です。準備や片づけを友達と一緒にすること、順番やきまりを守って運動をすることも大切に指導します。

やってみよう（第1時〜第3時）

1　準備運動
歩いたりケンパをしたり、動物歩きをしたりする。

> **POINT!!**
> 太鼓のリズムに合わせて動くようにすると、学習に対するわくわく感が高まります。

2　今日のねらいの確認
> 忍者のようにかっこよく、着地しよう！

3　学習1
片足着地や両足着地で跳び箱を跳び越える。
（1）飛びこし
（2）ふみこし
（3）忍者のようにかっこいい踏み越し跳びに挑戦
　・遠くへ　　・手をたたいて
　・回転して　・自分のポーズで

> **POINT!!**
> 足の裏で安全に着地することを最も大切にし、助走や踏み切り、跳び越し方は気にしないようにすると、子供は「楽しい！」「もっとやってみたい」という意欲をもつことができそうです。

4　途中で確認
安全に足裏で着地している子供の動きをよいモデルとして、全体に紹介する。

5　学習2
3つの場をつくり、順番に運動を経験する。

| 跳び箱の場 | ビールケースの場 |
| ステージの場 | |

> **POINT!!**
> 1つずつの場の動きを全員で確認しておくと、安心して活動に取り組めます。
> ビールケースの場は怖がるときは、無理してやらせなくても構いません。

6　まとめ
目指す動きができている子供を全体に紹介する。

▶ 単元後半の工夫の視点

助走から両足で踏み切ることができるようにします。両足で踏み切った後、跳び箱に両手を着いてまたぎ乗ったり、またぎ下りて両足で着地したりすることにも挑戦してみます。上手な友達のよい動きを見付けることができると上達します。

もっと楽しくなるように（第4時～第6時）

1 **準備運動**
太鼓のリズムに合わせて歩いたりケンパをしたり、動物歩きをしたりする。

> **POINT!!**
> 友達と出会ったらハイタッチをする、じゃんけんをするなど、条件を加えるとより楽しさが増します。

2 **今日のねらいの確認**

> 両足踏み切り、両足着地で、安全に跳び越えよう！

3 **学習1**
跳び箱の場で両足踏切り、両足着地を行う。

> **POINT!!**
> 動きと音を合わせて示すと、イメージをもって動けるようになります。
> 「タタタタタタと助走するよ」。
> 「バンと両足で踏み切ってごらん」。
> 「着地は両足でタンと決めよう」。

4 **途中で確認**
両足で着地している子供の動きをよいモデルとして、全体に紹介する。

5 **学習2**
3つの場を自分のペースでどんどん巡って、両足踏み切り、両足着地を行う。

> **POINT!!**
> 音楽をかけると子供の意欲が高まるとともに、時間管理が容易になります。

6 **まとめ**
目指す動きができている子供を全体に紹介する。

▶ 勝負時間の進め方

1時間目　導入で子供の心をわしづかみ	
子供の活動	よい授業のためのポイント
○整列 **1　準備運動** 　歩いたりスキップしたり、動物歩きをしたりする。 **2　今日のねらいの確認** 　　かた足ちゃくちやりょう足ちゃくちで、あんぜんにとびばこをとびこえよう！ **3　学習1** 　片足着地や両足着地で跳び箱を跳び越える。 　（1）跳びこし  　（2）ふみこし跳び  　（3）支持での跳び乗り、跳び下り  　（4）かっこいいふみこし跳びに挑戦 　　　・遠くへ 　　　・手をたたいて 　　　・回転して 　　　・自分のポーズで	・誰にでもできる運動から授業を始めて、安心感をもてるようにします。動きに合ったリズムで太鼓を打ちます。 ・動物歩きで両腕に体重をかける運動をして、手首をほぐしておきます。 ・黒板に書いたねらいをみんなで声に出して読んで確認し、意欲を高めます。 ・数歩の助走でリズムよく片足や両足で踏み切ることが大切です。 （1）跳びこしは、小型ハードルのように跳び越えていきます。 （2）ふみこし跳びは、片足で踏み切って跳び箱に跳び乗って、ジャンプして跳び下りたりします。 （3）支持での跳び乗り、跳び下りは、数歩の助走から両足で踏み切り、跳び箱に両手をついて両足で跳び乗ったり、ジャンプして跳び下りたりします。 ・助走から踏み切りのタイミングを合わせることが大切です。怖さから歩幅が小さくなったり、跳び箱の前で立ち止まったりしないように助言しましょう。

4　振り返ろう 　安全に足裏で着地している子供の動きをよいモデルとして、全体に紹介する。	・力強い踏み切りができている子供、助走の勢いを落とさずに遠くへ踏み越したり、高く踏み越したりしている子供の真似をするとよいことも伝えます。ただし、安全第一に行うことを忘れてはいけません。
5　学習2 　3つの場をつくり、順番に運動を経験する。 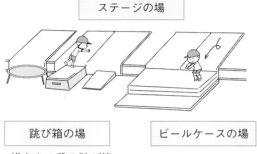  横向き1段の跳び箱  縦向き2台連結の跳び箱 正方形の跳び箱	・跳び箱の場では、学習1で行っていないまたぎ乗り・またぎ下り・開脚跳びなどもやってよいことを動きを見せながら伝えます。 ・3つの場での学習は初めてなので、どんな動きをするのか、順番までの並び方などを全員で動きながら確認します。 ・ビールケースの幅と高さが台上の前転がりに最適です。マットを敷いたケースの上に乗って挑戦すると楽しいです。 ・ステージへの跳び上がりでは、助走からリズムよく両足で踏み切ることを見取ってください。また、両手を「バシッ」と着いて体を支えるように助言しましょう。
6　まとめ 　目指す動きができている子供を全体に紹介する。	・手の着きや着地など、ポイントを押さえると動きが安定します。

ちょっと教えて!!

Q こわがってやりたがらない子供がいるのですがどうすればいいですか？

A 着地の場面からやってみてください。最終局面の動きがわかれば、恐怖心が少し薄れます。できる経験を繰り返していくと、少しずつ挑戦意欲も湧いてきます。

ちょっと教えて!!

Q きまりを守らない子供がいて困ります。

A 安全に行うためのきまりであれば、必ず守れるように少し厳しい指導が必要なときもあります。なぜ、そのきまりが大切かをみんなでしっかり確認しましょう。また、夢中になるあまり、きまりを忘れることがあるので、繰り返し伝える必要があります。

4時間目　後半のスタートを確実に

子供の活動	よい授業のためのポイント
○整列 1　準備運動 　太鼓のリズムに合わせて歩いたり、ケンパをしたり、動物歩きをしたりする。 2　今日のねらいの確認 　りょう足ふみきり、りょう足ちゃくちで、あんぜんにとびこえよう！	・「ケンケンパ、ケンケンパ」と口伴奏をしながら動きます。 ・友達と出会ったら、じゃんけんやハイタッチをすると楽しさが増します。 ・黒板に書いたねらいをみんなで声に出して読んで、目指す動きを確認します。 ・必要であれば、実際に動きを見せて確認するようにします。
3　**学習1** 　跳び箱の場で両足踏み切り、両足着地を行う。 （1）支持での跳び乗り、跳び下り  （2）支持でまたぎ乗り・またぎ下り  （3）開脚跳び 	・（2）は数歩の助走から両足で踏み切り、跳び箱に両手を着いてまたぎ乗ったり、またいだ姿勢で腕を支点に体重を移動させてまたぎ下りたりしていきます。 ・「やっていいよ」の合図を出す→跳ぶ→マットを直す→次の人に「やっていいよ」の合図を出す。というように、一連の行い方のきまりを徹底させます。 ・右の図のように踏み切りの瞬間にしゃがんで小さくなり、一瞬だけ手を着いた後、両足ジャンプで跳び箱に飛び乗ったり、跳び越えたりする子供がいます。腕で体を支えるという感覚がつかめていないのかもしれません。マットを使ったかえるの足打ちや壁登り逆立ちをやってみるとよいでしょう。 
4　振り返ろう 　助走からリズムよく両足踏み切りをしている子供を真似するよう、全体に紹介する。	・助走から力強い両足踏み切りをしている子供、踏み切った後すぐ両手を跳び箱に着いて跳び乗っている子供、開脚跳びができている子供をモデルとして、全体に紹介します。

5 **学習2**
　3つの場をどんどん巡って、両足踏み切り、両足着地を行う。

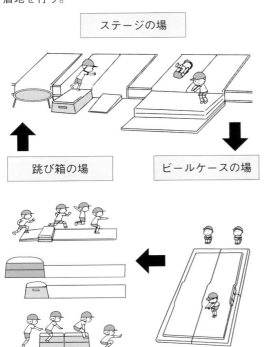

6 　まとめ
　目指す動きができている子供を全体に紹介する。

・子供たちを3つのグループに分ける。それぞれのグループのスタート位置を決めておき、巡る順を確認して活動を始めます。音楽をかけて、意欲を高めます。

・学習2では自分のペースで次々と運動を行い、たっぷり体を動かして、満足感を味わえるようにします。

・テンポの速すぎる音楽は、1つ1つの動きが雑になることがあるので、気を付けます。

・複数の場があるときは、安全面の配慮が最も大切です。全体の動きを見渡せて、なおかつ補助が必要な場所に立ちます。この場合教師は、ステージからの跳び下りの横にいるとよいでしょう。

・上手くできているポイントを押さえます。

2年生

2年生では、こんな発展を目指そう
「跳び箱ランドでスーパー忍者を目指そう！」

やってみよう（第1時〜第3時）

1　準備運動
ペアで馬跳びをする。

手のひらは床にぴたっと着け、少し足を開いて構える。頭はおへその方へ入れるようにします。

足を肩幅より少し広めに構え、足首をしっかりと握る。あごを引き、頭を入れます。

> **POINT!!**
> 頭を蹴られないように、馬のつくり方を丁寧に指導しましょう。

2　今日のねらいの確認

| りょう足ふみ切りでりょう手を着く、りょう足着地をしよう。 |

3　学習1
3つの場で運動して1年生の動きを想起させた後、両足踏み切り、両手着手、両足着地に挑戦する。

> **POINT!!**
> 学習意欲を高めるためには、はじめは片足踏み切りの子供も認めていくとよいでしょう。

4　途中で確認
上手な友達を見付けたか聞き、どこが上手だったかを確認します。

5　学習2
3つのの場をペアでどんどん巡って運動する。

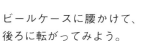

ビールケースに腰かけて、後ろに転がってみよう。　前転がりで降りよう。足裏で着地だよ。

> **POINT!!**
> 1年生の学習と同じ場ですが、動きを少し難しいものにします。
> ・ステージからはクルッと前転がりをして下りてみます。
> ・ビールケースの場では、後ろ転がりに挑戦してみます。
> 1つずつの場の動きを全員で再確認しておくと、安心して活動に取り組めます。ねらいも再確認し、「できたかどうか後で聞くよ」と言葉かけをしておくとよいでしょう。

6　まとめ
自分自身がねらいを達成できたかどうか、上手な友達を見付けたかどうかを聞き、実際にやって、全体で見せてよい動きを共有する。

ちょっと教えて!!

Q　授業終わりの整理運動は必要ですか？

A　痛いところがないかを聞いてみてください。子供の様子から、ストレッチで体を伸ばしておく必要もあるかもしれません。ただし、高学年のように、多くの時間は必要としません。

▶ 2年生での押さえどころ

2年生では、数歩の助走からリズムよく両足で踏み切ること、跳び箱に両手を着くことがスムーズにできることを目指します。「もっと上手になりたい」「できないことができるようになりたい」という子供の願いをもとに、楽しく遊ぶ場を自分で選ぶことができる学習を展開できるようにします。

もっと楽しくなるように（第4時～第6時）

1　準備運動
ペアで馬跳びをする。

> **POINT!!**
> 10回跳んだら交代します。実態に応じて、3人組で行っても楽しいです。

2　今日のねらいの確認

自分で場所をえらんで、運動をしよう。

3　学習1
3つの場をペアでどんどん巡って運動する。

跳び箱の場	ステージの場	ビールケースの場

> **POINT!!**
> 2人組で場を巡ります。友達のがんばっているところ見付けて、後で紹介するようにします。

4　途中で確認
ペアの友達が頑張っていたことを伝え合う。
また、みんなと違うよい動きをしていた子供を全体に紹介して、挑戦意欲をもてるようにする。

5　学習2
3つの場から自分で場を選んで運動する。2人でできた跳び方を、カードに○印でチェックする。

跳び箱の場	ステージの場	ビールケースの場

> **POINT!!**
> 場所を選ぶポイントを伝えて、自分で決めるようにします。決められない子供には、話を聞いて一緒に決めるようにします。

6　まとめ
自分自身がねらいを達成できたかどうか、上手な友達を見付けたかどうかを聞き、実際にやって、全体で見せてよい動きを共有する。

ちょっと教えて!!

Q ペアづくりはどうすればいいですか？

A 整列をした隣の友達とペアをつくったり、教室での隣の席同士でペアになったりします。たまには、教室でトランプなどのカードを使ってペアづくりをしてから、移動するのも楽しいですね。

CHECK!! これを知っておくと便利 Part1

▶ 準備運動で基礎感覚を養おう！

じゃんけんゲームで楽しさ倍増！

☆ケンパー跳び

助走からリズムよく踏み切ることを難しく感じる子供たちもいます。ケンパー跳びは、助走から踏み切りへの感覚づくりやタイミングを覚える運動です。

☆クマ走り（手足走り）

腰が頭より上がった姿勢で、前方へ移動する動きです。主に腕支持の感覚を養います。

目線は少し前だよ。

☆ウサギ跳び（手足交互跳び）

自分の体を両手で支えて、両足で着地する動きです。開脚跳びの踏み切りから着地までの体の動きに似ています。

足はそろえて、手の内側に着地だよ。

▶ タイヤ跳び名人は跳び箱名人！

タイヤは跳び箱より縦幅が短く、横幅も狭いため体の小さな子供たちにとっては跳び越すことが比較的容易です。また、足が左右に開きにくい子供にとっても安心して行えるものです。並んでいるタイヤを両端から跳んで出会ったらじゃんけんをしたり、競走をしたりすると楽しい遊びとなります。休み時間にも遊ぶことができます。

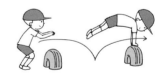

▶ 安全に怪我なく学習を進めるために

順番を守る、前の友達の「やっていいよ」の合図を見てスタートする、やった後はマットがずれてないか確認して、ずれていたら必ず直すなど、安全の確保のために学習の約束は守らせるようにしなくてはなりません。

手が上がったら、次の人がやっていい合図です。

マットがずれたら必ず直すようにします。

CHECK!! これを知っておくと便利　Part2

▶ 場づくりの工夫

☆同じ高さの2台連結

☆マットをかぶせた平均台

　両手を着いて体を支えながら跳び箱を後ろに押し、腰を浮かして前へ前へ進むようにします。跳び箱では3〜4回で着地できるようにします。腕を支点に体重が前に移動する感じをつかめるようにします。横から見て肩が前方に出ているとよいでしょう。平均台では、腕で体を支える感覚をつかめるようにします。右下の「腕立て横跳び越し」のように腰を浮かして左右に跳び越えます。

☆高さの違う2台連結

☆線ありのマット

　高さの違う跳び箱を2台連結させます。着地の場面の練習です。肩を前に出し、跳び箱を強く後ろに押して両足で着地します。

　カラーテープなどで印を付けた線ありマットを使うと、どこまで跳べるか挑戦意欲が高まります。

▶ 動きの発展

☆かかえこみ跳び

☆台上前転

☆腕立て横跳び越し

　前述のウサギ跳びの動きに似ています。両膝を胸に引き付け、強く跳び箱を押すようにして跳び越えます。頭から落ちないように、目線は前です。

　両腕で体をしっかりと支えて腰を頭より上げ、くるっと回転して両足で着地します。

　両手を跳び箱に着き、腰を浮かして跳び越え、両足で着地します。

4 器械・器具を使っての運動遊び

単元の目標

- **技能**：支持しての上がり下り、ぶら下がりや易しい回転をすることができる。
- **態度**：順番やきまりを守って、友達と仲よく遊ぶことができる。
- **思考・判断**：遊ぶ場を選んだり、遊び方を工夫したりすることができる。

単元のこだわり

　学習の準備運動として、固定遊具（ジャングルジム・雲梯・タイヤ・肋木）で遊びながら、握る力や腕支持、逆さ、回転などの感覚や動きを身に付けていきます。

○1年生では「ぴたっと」「ふわっと」「くるっと」などの感覚を身に付けます。
○2年生では「跳び上がり・跳び下り」「ぶら下がり」「易しい回転」などの鉄棒遊びをします。

　ここでは子供たちが鉄棒で、ドキドキ・ワクワクできるような工夫（模倣、物語など）をします。ペアで動きを見合ったり、動きを一緒に合わせたり、競争したりすることができるようにします。

「ぴたっと」

「ふわっと」

「くるっと」

用意するもの

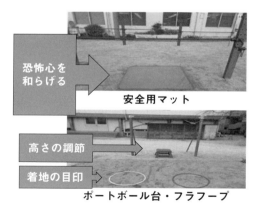

ポートボール台・フラフープ

逆上がり練習機

緩衝シート・フラフープ

鉄棒遊びの授業をつくろう

授業イメージ

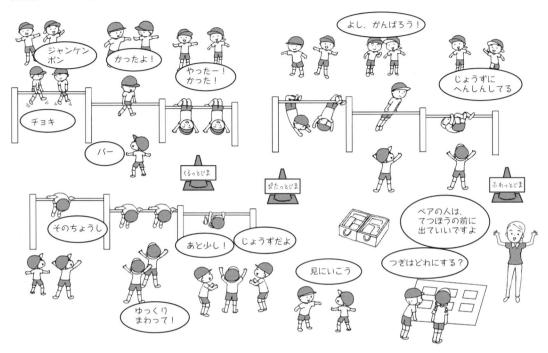

授業づくり上達への道

〈導入が勝負どころ〉
「簡単にストレッチ！」
　子供たちが、すぐに運動することができるように、使う部位のストレッチをします。
　・手首・足首を回す
　・指をグー、パーに閉じたり開いたりする

「遊具遊びでパワーアップ！」
　準備運動として、今できる動きを行います。学習が進むにつれて、握る力や支える力が高まるように動きを変えていきます。

雲梯

ジャングルジム

〈ルールの確認を徹底〉
①はじめが肝心！
　きまり・やり方は、初めて学習するときに徹底することが大切です。
②場所は…？
　集合・準備運動を始めるとき、鉄棒遊びをするとき、待っているときの場を決める。
③きまりは…？
聞く姿勢：体操座り、おへそと目を合わせる
発表の仕方：ゆっくり、はっきり、大きく
順番の決め方：背の順、グループで決めた順
用具の運び方：持ち方や人数を教える
移動の仕方：かけ足、スキップ
④ペアやグループでは…？
　数を数える、手伝う、応援する、できているかを伝える、話し合う。

1年生
「遊ぼう！　てつぼうじま」

▶ 単元前半の押さえどころ

やってみよう（第1時〜第3時）

1. 準備運動
   「簡単ストレッチ！」
   ・手首（回す）→指先（グーパー）→足首（回す）
   「遊具遊びでパワーアップ！」
   ジャングルジム…登り棒…タイヤ…肋木…雲梯

   > **POINT!!**
   > 鉄棒遊びにつなげるために、固定遊具を使って、握る力、支える力が高まる遊びをします。

2. 今日のねらいの確認
   「ぴたっとじま」「ふわっとじま」「くるっとじま」で遊ぼう。

3. 学習1：ペアで遊ぼう
   ・1つの場で1つの動きをする。
   ・回数を決めて遊ぶ。

   > **POINT!!**
   > 楽しく遊ぶために、今できる遊びをペアでします。

   - ぴたっとじま
     ①ツバメ、②ダンゴムシ、③ナマケモノ
   - ふわっとじま
     ①オサル、②ふとん、③コウモリ
   - くるっとじま
     ①前回り、②足ぬき回り、③地球回り

   ※①は第1時

   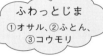

4. 途中で確認
   ・できた遊びや楽しかった遊びを発表して、遊びの楽しさを振り返る。

5. 学習2：みんなで遊ぼう
   ・「ペアで遊ぼう」で遊んだ遊びを使って、大会を開く。
   ・みんなで遊びを1つずつ確認しながら遊ぶ。
   ・できないときは、友達と助け合って遊ぶ。

   - ぴたっとじま じゃんけん大会
   - ふわっとじま へんしん大会
   - くるっとじま 回り下り大会

   （例：つばめじゃんけん）（例：2〜3つの動きを続けて行う）（例：前回り下り）

6. まとめ
   ・できた遊びや楽しかった遊びを発表して、遊びの楽しさを振り返る。
   ・学習カードにシールを貼ったり、色を塗ったりして意欲を高める。

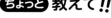教えて!!

Q 子供が順番を決めるのに、時間がかってしまうときは…？

A 気持ちが高まったり、競争したりするときに、譲り合いが少なくなることがあります。学習を通してどのような順番で行うのかを最初に決めておくと、もめることがなくなります。

単元後半の工夫の視点

もっと楽しくなるように(第4時〜第6時)

1　準備運動
「簡単ストレッチ！」
・手首（回す）→指先（グーパー）→足首（回す）
「遊具遊びでパワーアップ！」
ジャングルジム…登り棒…タイヤ…肋木…雲梯

> **POINT!!**
> 握る力や支える力が身に付いてきているので、逆さ、回転感覚が高まるような遊びを増やしていきます。

2　今日のねらいの確認
「ぴたっとじま」「ふわっとじま」「くるっとじま」で友達と一緒に遊ぼう。

3　**学習1**：ペアで遊ぼう
・ペアで同じ動きや反対の動きをして遊ぶ。
・「2回連続」「3回スイング」などと工夫する。

- ぴたっとじま
  ④ツバメ、⑤ダンゴムシ、⑥ナマケモノ
- ふわっとじま
  ④オサル、⑤ふとん、⑥コウモリ
- くるっとじま
  ④前回り、⑤足ぬき回り、⑥地球回り

※④は第4時

> **POINT!!**
> 遊びを広げるために、子供に「やってみたい遊びは？」と聞いて、よい遊びを引き出します。

4　途中で確認
・できた遊びや楽しかった遊びを発表して、遊びの楽しさを振り返る。

5　**学習2**：みんなで遊ぼう
・3つの場をつくり、グループで順番に回って遊ぶ。
・ペアの遊びで大会を開く。
・できないときは、グループで助け合って遊ぶ。

- ぴたっとじま
  じゃんけん大会
- ふわっとじま
  へんしん大会
- くるっとじま
  回り下り大会

（例：つばめじゃんけん）　（例：3つの動きを続ける）　（例：前回り的下り）
（例：なまけものじゃんけん）　（例：2つの動きを連続する）　（例：地球回り下り）

6　まとめ
・できた遊びや楽しかった遊びを発表して、遊びの楽しさを振り返る。
・学習カードにシールを貼ったり、色を塗ったりして意欲を高める。

ちょっと教えて!!

Q グループでの話合いはどのようにする…？
A 教師が遊びをいくつか紹介し、その中から選びます。あまり話が長くならないように、迷ったらまずやってみるようにします。

▶ 勝負時間の進め方

1時間目　導入で子供の心をわしづかみ

子供の活動	よい授業のためのポイント
○整列 1　準備運動　「簡単ストレッチ」「遊具遊び」 　　手首→グーパー→足首 　　ジャングルジム…登り棒…タイヤ…肋木…雲梯 2　今日のねらいの確認 　　「ぴたっとじま」「ふわっとじま」「くるっとじま」 　　で遊ぼう。	・鉄棒遊びに必要な感覚を身に付けるために、いろいろな固定遊具を使って遊びます。安全確保のため、手首や指先、足首はしっかりと動かします。 ・今日は何を頑張るのか明確にします。声に出すとしっかり覚えることができます。 ・視覚化できるように、大きなカードを用意してボードで掲示します（用意できないときは画板に掲示すると便利です）。
3　「ツバメ」「オサル」「前回り」をやってみよう ○ペアで遊ぼう 　ぴたっとじま 　　・だるまさんが転んだ「ぴたっ」 　　・時間（3〜5秒）で「ぴたっ」 　ふわっとじま 　　・指令ゲーム「片手離し」 　　　　　　　　「片足離し」 　　　　　　　　「片手でお絵かき」 　くるっとじま 　　・ゆっくり回って、静かに下りる 　　・回数（2〜3回）を決める 4　振り返ろう 　・できた遊びや楽しかった遊びを発表して、遊びの楽しさを振り返る。	・場を3つつくります。同じ場をいくつか用意することで、どんどんできるようにします。 ・子供にわかるように掲示します（絵や図、マークも効果的）。 ・ペアでコースを選び、お互いに見合います（出来ばえを○や△で表す・応援する）。 ・うまくできない子がいたら、高さを低くしたり、補助を付けたりします。 ・ここで、技能について評価します。「ぴたっと」「ふわっと」「くるっと」の動きができていたらOKです。
5　大会をやってみよう ○グループで遊ぼう 　じゃんけん大会　・ツバメじゃんけん 　へんしん大会　　・ツバメ→オサル→前回り 　回り下り大会　　・前回りで印の中に下りる 6　まとめ 　・学習カードにシールを貼ったり、色を塗ったりして意欲を高める。 　・もっとやってみたい遊びを取り上げると、休み時間への遊びに広がる。	・「ペアで遊ぼう」で遊んだ遊びを使って、楽しく大会を開きます。 ・1つずつ、みんなで確認しながら遊びます（きまり、遊び方が大切）。 ・できないときは、グループで助け合ってよいことにします。 ・第1時は楽しくできたかを確認します。そのときの表情を見取ります。 ・話の聞き方やきまり、ペアとの関わりについて、よくできていたことを取り上げ、褒めてあげると力が身に付いてきます。

4時間目　後半のスタートを確実に

子供の活動	よい授業のためのポイント
○整列 1　準備運動　「簡単ストレッチ！」「遊具遊び」 　手首・グーパー・足首 　ジャングルジム…登り棒…タイヤ…肋木…雲梯 2　今日のねらいの確認 　「ぴたっとじま」「ふわっとじま」「くるっとじま」 　で友達と一緒に遊ぼう。	・逆さ、回転感覚を高めるために、固定遊具で遊びます。 ・遊びがぶつからないようにするために、グループごとに、スタートの遊具を決めて1周します。
3　「ツバメ」「オサル」「前回り」をやってみよう ○ペアで遊ぼう 　ぴたっとじま　　（例）なかよしツバメ 　ふわっとじま　　（例）オサルの鏡 　くるっとじま　　（例）連続前回り 4　振り返ろう 　・遊びを紹介して、楽しさやよさを振り返る。	・場を3つつくり、子供がわかるように、掲示します。 ・同じ動きや反対の動き、連続や移動する動きなど、ペアで遊びを工夫します。 ・友達と遊びを見合って、遊びを交換すると楽しくできます。 ・楽しくできている動きやよい動きを取り上げ、全体に広げます。
5　遊び屋さんをやってみよう ○グループで遊ぼう 　的下り・的当て大会　・ツバメの振り下り 　　　　　　　　　　・コウモリ振りの的当て 　じゃんけん大会　　　・オサルのじゃんけん 　へんしん大会　　　　・ツバメ→ふとん→前回り 　　　　　　　　　　・足ぬき回り→地球回り→コウモリ	・3つの場をつくり、グループで順番に回って遊びます。 ・競争を「協力づくり」に生かします（例えば、うまくできない子供を応援したり、助けたりできるように働きかけます）。
6　まとめ 　・学習カードにシールを貼ったり、色を塗ったりして意欲を高める。 　・楽しかった遊びを次のコースづくりに生かす。	・ねらいについて、振り返ります。 ・グループの関わり方でよかったグループを取り上げ、全体に広げます。

ちょっと教えて!!

Q グループづくりで気を付ける点はどんなこと…？

A 全員に十分な活動を保障するために少人数にします。体の大きさや人間関係にも配慮します。鉄棒の高さに配慮しながら、できるだけたくさん使えるようにします。

2年生

2年生では、こんな発展を目指そう

「みんなであそぼう！ てつぼう島」

やってみよう（第1時～第3時）

1 準備運動
 「簡単ストレッチ！」
 ・手首（回す）→指先（グーパー）→足首（回す）
 「遊具遊びでパワーアップ！」
 ジャングルジム…登り棒…タイヤ…肋木…雲梯

POINT!!
握る力、支える力をさらに高めるために、動きや回数を変えて、パワーアップ！

2 今日のねらいの確認
 「ぴったり島」「ふんわり島」「くる～り島」で遊ぼう。

3 学習1：ペアで遊ぼう
 ・1つの場で1つの動きをする。
 ・回数を決めて遊ぶ。

POINT!!
動きをかっこよくするために、遊びのポイントをペアに見てもらいます。

ぴったり島	ふんわり島	くる～り島
①ツバメ、②ダンゴムシ、③ナマケモノ	①振り下り、②足かけ、③コウモリ	①前回り、②足ぬき、③地球・逆上がり

※①は第1時

4 途中で確認
 ・よい動きをしているペアを取り上げ、手本を見せる。
 ・「ぴったり」「ふんわり」「くる～り」のよい動きを確認する。

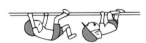

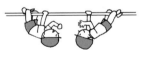

5 学習2：みんなで遊ぼう
 ・3つの場をつくり、グループで順番に回って遊ぶ。
 ・「ペアで遊ぼう」での遊びを使って、新しい遊びをする。
 ・できないときは、グループで助け合って遊ぶ。

ぴったり島 じゃんけん大会	ぴったり島 なかよし大会	ふんわり島 的下り・的当て大会	くる～り島 リレー大会
（例：ツバメじゃんけん）	（例：ツバメの移動）	（例：振り下り的下り）	（例：連続前回りリレー）
（例：ダンゴムシじゃんけん）	（例：ダンゴムシの移動）	（例：足かけふりボールけり）	（例：連続足ぬき回りリレー）
（例：ナマケモノじゃんけん）	（例：ナマケモノの移動）	（例：コウモリ的下り）	（例：地球回り、逆上がりリレー）

6 まとめ
 ・楽しくできたことや他のペアのよい動きを発表する。
 ・もっとやってみたい遊びを取り上げると、休み時間への遊びに広がっていく。
 ・学習カードにシールを貼ったり、色を塗ったりして意欲を高める。

▶ 2年生での押さえどころ

もっと楽しくなるように（第4時～第6時）

1. 準備運動
   「簡単ストレッチ！」
   ・手首（回す）→指先（グーパー）→足首（回す）
   「遊具遊びでパワーアップ！」
   ジャングルジム…登り棒…タイヤ…肋木…雲梯

   > **POINT!!**
   > ・感覚が身に付いてくるので、かっこいい（正しい）動きに近付けます。

2. 今日のねらいの確認
   「ぴったり島」「ふんわり島」「くる～り島」で友達と一緒に遊ぼう。

3. ：ペアで遊ぼう

   ぴったり島 （例）ツバメの移動
   ④ツバメ、⑤ダンゴムシ、⑥ナマケモノ

   ふんわり島 （例）一緒にコウモリ
   ④振り下り、⑤足かけ、⑥コウモリ

   くる～り島 （例）前回り的下り
   ④前回り、⑤足ぬき、⑥地球・逆上がり

   ※④は第4時

   > **POINT!!**
   > ペアで一緒に遊ぶ楽しさを味わうために、声をかけたり、お話をつくったりして遊びます。

   > **POINT!!**
   > 遊びを広げるために、遊びを交換します。

4. 途中で確認
   ・楽しかった遊びを紹介し合う。
   ・「ぴったり」「ふんわり」「くる～り」のよい動きを確認する。

5. ：みんなで遊ぼう
   ・グループで遊びを考えて、遊び屋さんをオープンする。
   ・遊んだ遊び屋さんから、シールやスタンプをもらうと楽しくできる。

じゃんけん屋さん	リレー屋さん	的下り屋さん	なかよし屋さん
（例：コウモリじゃんけん屋）大きく振ってジャンケンポン！	（例：連続前回り屋）目を回さないでね！	（例：地球回り下り屋）地球に着地できる？	（例：ツバメ移動屋）息を合わせてね！

6. まとめ
   ・楽しかった遊び方や友達のよい遊び方を発表する。
   ・学習カードにシールを貼ったり、色を塗ったりして意欲を高める。

ちょっと教えて!!

Q 自分の力に合わないときは、どうする…？

A ペアやグループで行っているので、どの子も同じ高さや動きができるわけではありません。台や重ねたマットなどを用意して高さを調節します。また、遊びができないときは、友達や教師の力を借りながら、場を易しくして楽しく遊べるようにします。そしてできたら、褒めたり紹介したりしましょう。

CHECK!! これを知っておくと便利

▶ 固定遊具で準備運動を！

【1年生】握る力や支える力をパワーアップ！
　①全員で動きの確認をします。
　②グループで遊びを1周回ります。

カニ歩き（周りを1周）

坂登り

馬跳び

上でタッチ下へジャンプ

【2年生】1年生よりも、回数や時間を変えてパワーアップ！！
　①全員で動きの確認をします。
　②グループで遊びを1周回ります。

山登り（反対側へ）

1段飛ばし

連続馬跳び

ジグザグ移動
（上下しながら）

▶ 場づくりで学習が大きく変わる

【安心できる場】

・怖さを取り除く工夫をします。

マットがあれば痛くないよ

高さがないから怖くないよ
マット
体操棒

・ペアの子と一緒に遊びます。

ペアが見てくれているよ

【わかりやすい場】

・どの鉄棒で何をするかを提示します。

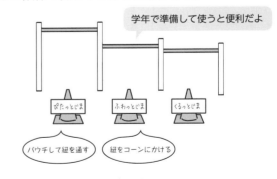
学年で準備して使うと便利だよ
ぴたっとじま　ふわっとじま　くるっとじま
パウチして紐を通す　紐をコーンにかける

・選びやすいように遊びを提示します。

どの遊びにする？

▶ 教師の言葉かけでやる気にさせよう

【握る力の弱い子へ】　親指を下にして「ぎゅっと」握るよ。

◎　　　　　　　　　　　　　　　　×
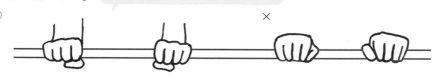

【怖くて手が離せない子へ】　補助をして、コツを教えましょう。　※「カギ」：（　）のように曲げた形を表す

 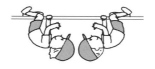 

ポイント　①体や膝を曲げて「カギ」　②片手を離すのがポイント　③両手を離す

【体が離れてしまう子へ】

 道具を使ってみよう。　　

タオル巻き　　　　　　　大人用トレーナー巻き　　　　自転車のチューブ巻き

▶ このポイント（技能）だけは押さえよう

【跳び上がり・ツバメ】
・腕支持感覚

鉄棒をぎゅっと抑えて跳び上がるよ。

背中をぴ〜んとのばすと「ツバメ」になるよ。

【ふとん】
・逆さ感覚

手と腕をだら〜んと力を抜いてごらん。

ふわふわのおふとんになって、手を離してみよう。「ばんざーい」

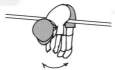

【前回り】
・回転感覚

手で鉄棒をくるんと包んで回るよ。

おへそを見ながらひざを曲げてみよう。ゆっくり回って静かに下りるよ。

4　器械・器具を使っての運動遊び

▶ 遊びはわかりやすく！（遊びの例）

・掲示物や学習カード（てつぼう島の地図）は、絵で遊びがわかるようにします。

ぴたっとじま
「ぴたっととまれるかな？」

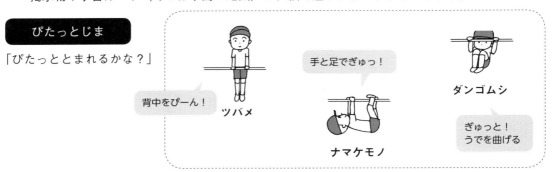

ふわっとじま
「ふわっとぶら下がれるかな？」

くるっとじま
「くるっとまわれるかな？」

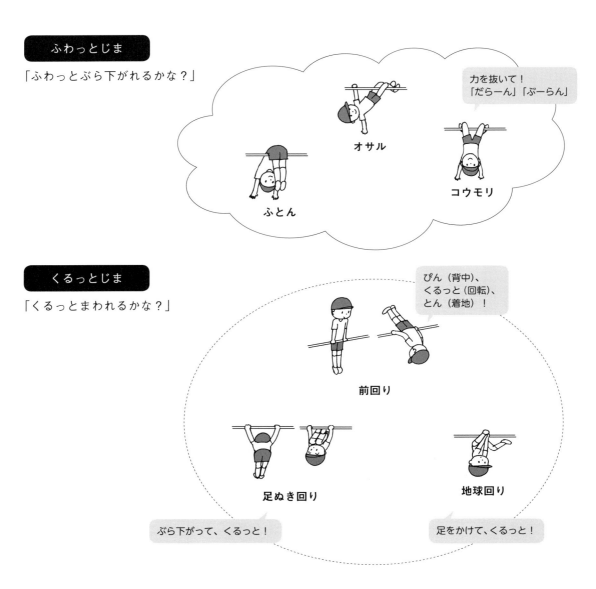

▶ 遊び屋さん、オープン！（リレー屋さんは、それぞれをグループで競争します）

じゃんけん屋さん

ツバメじゃんけん屋
「遊び屋さんに勝ってね！」

ダンゴムシじゃんけん屋
「グループの人とじゃんけんぽん！」

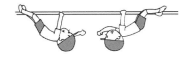

ナマケモノじゃんけん屋

コウモリじゃんけん屋

へんしん屋さん

「はじめは2つにへんしん！　できるようになったら3つにチャレンジ!!」

ナマケモノ→コウモリ→地球回り屋　　前回り→足ぬき回り→地球回り屋

回り下り屋さん

ツバメ下り屋
的の中に着地できるかな？

コウモリ入れ屋
お手玉を的に入れてね！

前回り屋
ペアで回ってね！

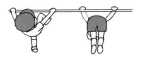

足ぬき回り屋
ゆっくり着地してね！

5 走・跳の運動遊び

単元の目標

- **●技能**：いろいろな方向に走ったり、低い障害物を走り越えたりすることができるようにする。
- **●態度**：運動に進んで取り組み、きまりを守り仲よく運動をしたり、勝敗を受け入れたり、場の安全に気を付けたりすることができるようにする。
- **●思考・判断**：走ったり跳んだりする簡単な遊び方を工夫できるようにする。

単元のこだわり

　かけっこ遊び・リレー遊びに夢中になって取り組み、いろいろなコースを全力で走ったり、みんなが楽しくなるコースを工夫したりしながら、学習内容が身に付くようにします。

　単元の導入場面では、「仙人さんから出されるお題を1つずつクリアし、『かけっこ・リレー名人』を目指すぞ！」という全体のストーリーを子供たちに提示します。仙人さんからは、「まっすぐコースとくねくねコースにちょうせんするべし！」「くるくるコースとジグザグコースをはみださずに走るべし！」などと、次々にお題が出されます。

　このお題をクリアするために、子供たちは、いろいろな走り方に挑戦します。楽しみながら夢中になって活動することを通して、低学年で身に付けておきたい力が育まれるようにしていきます。

用意するもの

スピードにのって、全力で走る状況をつくるために使います。

【ビニールのしっぽ】

できるだけ同じ大きさの方がよいです（競争をする際の条件をそろえるため）。

卓球のラケットと同じくらいの大きさの札に〇や△の用紙を貼り付けたものです。

【判定用〇△の札】

楽しいコースづくりを目指すのならば、いろいろな形や大きさがあっても構いません。

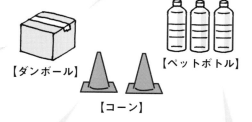

【ダンボール】

【コーン】

【ペットボトル】

コースづくりで使います。周りを走るときやゴールにも使えるので、あると何かと便利です。

1.5ℓのペットボトルを3つ用意し、ビニールテープでつなぎ合わせます。中に水を入れると倒れにくくなります。

子供たちが親しみのもてるキャラクターを設定するのもポイントです。

【この単元に登場するキャラクター】
仙人さん

走の運動遊びの授業をつくろう

授業イメージ

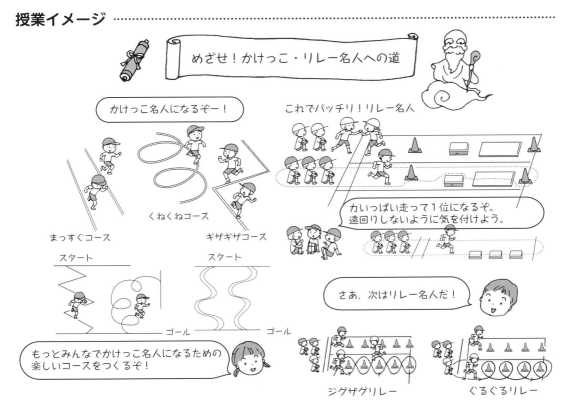

授業づくり上達への道

＜導入場面の工夫でつかみはOK！＞

子供たちが、「おもしろそう！」と、目を輝かせるような単元との出会いの場を設定できれば、授業に対する意欲がぐんと高まります。第1時の導入場面は、教師の創造力を思う存分発揮し、やってみたいという魅力ある教材を用意します。ストーリー性のある教材で子供たちの心をわしづかみにします。

＜ほめるときには「3D」で！＞

よい子供の動きは、クラス全体にどんどん広げていきたいものです。低学年の子供たちは、先生に自分のことを「褒めてもらいたい」「認めてもらいたい」という思いを強くもっています。「誰の、どの動きが、どのようによかったのか（3Dと名付けています）」を具体的に伝えるようにします。

特に、「〇〇さんの～」と、誰の動きがよかったのかをはっきり伝えるのがポイントです。時間があれば、その子供が実際にするところを見せたり、みんなで一緒に取り組んだりします。

5　走・跳の運動遊び

1年生
「かけっこ仙人さんにちょうせんだ！」

▶ 単元前半の押さえどころ

コースに応じて自分の体を操作して、走る楽しさを味わうことができるようにします。慣れてきたら、同じコースや違うコースの友達と競走する活動を仕組み、いろいろなかけっこを楽しむことができるようにします。

やってみよう（第1時～第3時）

1　準備運動
動物歩きやスキップ、サイドステップなどの動きをみんなで一緒に楽しむ。

POINT!!
いろいろなステップや腕の動かし方など、かけっこにつながる基本となる動きを取り上げるようにします。アップテンポの曲に合わせて気分も盛り上げます。

2　ねらいの確認

　　○○コースのかけっこ名人になるぞ！

3　学習1
いろいろなかけっこに取り組む。
・まっすぐコース　・くねくねコース
・ジグザグコース　・ぐるんぐるんコース、など

POINT!!
1時間に2～3つの活動の場を設定します。

【ぐるんぐるんコース】【ジグザグコース】

4　ポイントを確認
かけっこ名人になるための走り方のポイントを確認する。よい子供の動きを取り上げ、何がポイントなのか「見て」「やってみて」確認する。

5　学習2
いろいろなコースで友達と競走する。同じコースや違うコースの友達と楽しく競走する（第2・3時）。

6　まとめ
進んで運動に取り組めたか、ねらいに合ったよい動きができたかについて、振り返りをする。

ちょっと教えて!!

Q 活動の場は1時間にどれくらい準備するとよいのでしょうか。

A 1つの動きをじっくりと深めるより、2～3つくらいの変化に富んだ活動の場を設定するようにし、動きのレパートリーが広がるようにします。2年生になって学習が深まってきたら、場を絞ることも考えられます。

▶ 単元後半の工夫の視点

　みんなで楽しい運動遊びの場をつくったり、走り方を工夫したりして、いろいろなかけっこを楽しむことができるようにします。ここでは、動きを広げるための工夫の仕方を知ることができるようにすることを大切にします。

※ここには例を挙げていませんが、この単元の後、リレー遊びの時間を4時間程度組みます。

もっと楽しくなるように（第4時～第6時）

1　準備運動
運動場のラインや固定遊具の間を使って、リーダーの真似をしながら楽しく走る。いろいろなポーズや動きを入れながら走る。

2　ねらいの確認
> みんながかけっこ名人になるための楽しいコースをつくるぞ！

3　学習1
これまでに経験したいろいろなかけっこを絵や写真などで示し（移動黒板などを使用する）、その中からやってみたいことを選べるようにする。

POINT!!
これまでにやったいろいろなかけっこの中から、やってみたいことを選び、名人になるための楽しいコースをつくって試してみます。

4　ポイントを確認
いくつかのグループを取り上げ、どんなコースをつくったらよいか、ポイントを確認する。

5　学習2
自分たちのグループで考えた遊び方を他のグループの友達に紹介し、一緒にやってみる。競争してみたり、走った後にコーンの置き方を変えてみたりする。

6　まとめ
ねらいに合ったよい動きができたかについて、振り返りをする。

ちょっと教えて!!

Q 工夫することができるようにするためには、どうしたらよいのでしょうか。

A 他の友達のつくったコースを試したり、アイデアを共有したりする活動の中で、いろいろな方法があることを知り、発想の引き出しを増やすことが大切です。また、そうした活動ができる時間を設定しましょう。

▶ 勝負時間の進め方

1時間目　導入でつかみはOK！	
子供の活動	よい授業のためのポイント
○整列 **1　準備運動** 　音楽に合わせて、みんなで動物歩きをする。 **2　今日のねらいの確認** 　まっすぐコース、ジグザグ走りコースにちょうせんするべし！	・子供たちが大好きな音楽にのって、楽しく動けるようにします。「イヌ」「アザラシ」など、いろいろな動物に変身し、楽しく体を動かします。 ・「おもしろそう」「やってみたい」と思えるように、ねらいの提示の仕方を工夫します。
3　まっすぐコース、ジグザグ走りコースを走ってみる <動きを引き出す言葉かけの例> ・コーン（目標物）を見て、「ビューン」と新幹線みたいに走れるのが名人じゃ。 ・「カクン、カクン」と素早く走る方向を変えて走るのが名人じゃ。 	・全ての子供たちが思いきりかけっこに取り組めるように、2種類のコースをグループの数ほど準備します。 ・うまく走れない子供がいたら、よい動きの子供の真似をするようにアドバイスします。 ・「ビューン」や「カクン、カクン」など、動きがイメージできるような言葉かけをします。 ・第1時は、子供たちの「やってみたい」という思いを高めていくためにも、思う存分活動できる時間を確保します。 ・同じコースでも、友達と手をつないで走ったり後ろ向きに走ってみたりすることで、感じ方が変わります。
4　整理運動 **5　まとめ** 	・第1時は楽しくできたかを確認します。子供たちの表情をしっかりと見て、楽しくできているかどうかを判断します。 ※2学期以降であれば、簡単な学習カードを使って、「楽しかった」「うまくできた」「きょう力してできた」などに○を付けるようにすると意識が高まります。学習した後に、少しずつ振り返りをする習慣を身に付けるようにしていきます。ただし、子供たちの負担にならないよう留意します。

4時間目　後半の思考・判断を中心とした学習は丁寧に！

子供の活動	よい授業のためのポイント
○整列 1　準備運動 ・先生やリーダー役の友達の動きを真似しながら楽しく走る。 2　今日のねらいの確認 みんなが楽しく遊ぶことのできるコースや遊び方を見付けるべし！	・友達と一緒に活動することの楽しさを実感することができるよう、「真似っこ走り」を取り入れます。 ・今日のねらいが「コースや遊び方を見付ける」ことであると子供たちにわかるように、言葉だけでなくカードに書くなどして、視覚的に課題を提示します。
3　まずは、同じグループの友達と一緒に、いろいろなコースや遊び方を見付け、試してやってみる  4　他のグループの友達が見付けたコースや遊び方をやってみる	・ロープ、コーンなどの用具を使って、自由にコースをつくるよう促します。 ・ねらいに沿った活動ができていない場合には、他のグループの活動の様子を見せ、どんな活動をしたらよいのか、気付けるようにします。 ・よい動きを見付けたら、その場で評価し、全体に広がっていくようにします。楽しそうなことは、どんどん真似してよいことを伝えることが大切です。 ・これまでに経験したコースや遊び方をもとに、「もっとみんなが楽しめるようにするには？」と、新たな気付きを引き出す問いかけをします。
5　もっとみんなが楽しいコースや遊び方にするにはどうしたらよいか、意見を出し合う もっとみんなが楽しく走れるようにするには、どうすればよいのじゃ？	・楽しそうなことは、まず試してみるようにします。その中から新たな工夫が生まれます。
6　もっとみんなが楽しめるように考えたコースや遊び方をやってみる 7　整理運動 8　まとめ	・新たなコースや遊び方を見付けていることを褒め、価値付けます。

5　走・跳の運動遊び

2年生

2年生では、こんな発展を目指そう

「これでバッチリ！リレー名人への道」

チャレンジしよう（第3時～第6時）

1 **準備運動**
   新聞紙を落とさないようにして、いろいろな方向や姿勢を変えて楽しく走る。

2 **今日のねらいの確認**
   折り返しリレーの名人になるぞ！

3 学習1
   いろいろな折り返しリレー遊びに取り組む。
   ・ジグザグリレー　　・ぐるぐるリレー
   ・ワープリレー　　　・くぐりリレー、など

   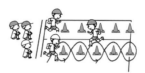
   【ジグザグリレー】　　【ぐるぐるリレー】

4 **ポイントを確認**
   よい動き（速く回るためにはどうすればよいのか）や協力の仕方（素早くバトンパスをするためにはどうしたらよいのか）について、ポイントを押さえる。

   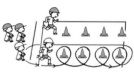
   ○○君と握手をするようにして、バトンをもらうよ。

5 学習2
   みんなで出し合ったポイントを生かして、もう一度やってみる。

6 **まとめ**
   ねらいに合ったよい動きができたか、協力してリレー遊びができたか、振り返りをする。

   ※第1・2時は、1年時に学習したいろいろなかけっこに取り組みます。

ちょっと教えて!!

Q 見合ったり教え合ったりする活動がうまくいきません。

A 用具を工夫することで、進んで自分の役割を果たそうとします。見るポイントを絞ることも大切です。
　よい動きには「○」、もう少しがんばったらよいときには「△」の札を上げ、気付きを一緒に伝えさせるようにします。

2年生での押さえどころ

2年生では、手でのタッチやバトンパスをしながら、いろいろな方向へ走ったり、低い障害物を走り越えたりするリレー遊びをすることができるようにします。ぐるぐる回ったりぴょんぴょん跳んだりして様々なリレー遊びを行い、動きの楽しさを十分に味わえるようにします。中学年のリレーにつなげるため、後半ではコースや障害物の置き方を工夫したリレー遊びも取り入れるようにします。

....

工夫して楽しもう（第7時〜第10時）

1 準備運動
    障害物（ペットボトル、ダンボール、ミニハードル）を走り越すかけっこを楽しむ。

2 今日のねらいの確認
    > みんなが障害物リレーの名人になるための楽しいコースをつくるぞ！

3 学習1
    2チームで活動する。相手チームと障害物を決め、コースをつくる。互いにつくったコースを使って障害物リレーを楽しむ。

4 ポイントを確認
    > 障害物を並べる順番や間隔を変えたり、走る順番を変えたりして工夫すればよいのじゃな。これでみんなリレー名人じゃ。参った。

5 学習2
    障害物の種類、数、距離を決め、相手チームと競走をする。みんなで確認したポイントを生かしてコースをつくり、リレー遊びをする。コースは対戦相手がつくったものを使う。

6 まとめ
    リレー遊びの簡単な遊びの場や遊び方が工夫できるようになったか、そのポイントがわかったか、学習カードに記入する。

....

ちょっと教えて!!

Q 障害物を怖がって、スピードをゆるめてしまいます。

A 子供たちの恐怖心が和らぐように障害物を工夫します。高さの低いものなど、圧迫感のないものにします。例えば、四角いダンボールは三角の形に変えるだけで、子供たちの感じ方は違ってきます。

5 走・跳の運動遊び　127

CHECK!! これを知っておくと便利

▶ 話を聞かせるためのコツはこれだ！

「低学年の体育の授業ではつい、大声を出しすぎて声が出なくなってしまう」といった悩みを聞くことがあります。

子供たちに話を聞かせるための技術として、声のトーンを変える、強弱を付けるなどが挙げられます。じっくりと話を聞かせたい場面では、「いつもより小さな声で、ゆっくりと低いトーンで話す」、強調したい場面では、「声のトーンを高く、身振りや手振りを付けて話す」など、子供たちに「おや？」と思わせ、話に集中させる雰囲気をつくり出します。

また、「ポイントを絞る」ことも重要です。低学年は、自分の思い通りに動きたい欲求が強い時期です。活動の場が広くなる運動場や体育館で、指示や説明のために何度も集合をさせることは、子供たちの「動きたい」「やってみたい」という欲求を止めてしまうことにもなりかねません。子供たちを集合させ、話をする回数はできるだけ絞るようにし、「これだけは伝えたい」ことについてポイントを短く、わかりやすくすることが大切です。

▶ 場づくりはシンプルに！

活動の場を考える際、子供たちにとって「やってみたい」「おもしろそう」と興味・関心がもてる魅力的な場にすることも大切ですが、何より大切なのは、身に付けさせたい学習内容を意図して工夫することです。

低学年の体育の授業では、まずは今もっている力で十分楽しめるような易しい場づくりを基本とします。子供たちの興味・関心を引き出そうと、つい、あの手この手と仕掛けを考えてしまいがちですが、できるだけ活動の場はシンプルにしておき、子供たちの多様なアイデアが生かせるような場づくりを心がけるようにします。

そして学習が進んだ段階では、子供たち自身が楽しさを広げていけるように、用具の置き方を工夫したり、コースをつくったりする活動が、自在に行えるような場づくりを考えるようにします。その際、安全には十分気を付けます。

▶ 教師の言葉は魔法の言葉

教師から発せられる言葉は、学習意欲を高めるためにも、学習内容を定着させるためにも重要なカギを握っています。

教師は、「さっと体の向きを変えたらもっと速くなるよ」「新幹線みたいに速いね。すごい！」といった「言葉かけ」の引き出しをたくさんもっておくことが大切です。

この「言葉かけ」は、内容により、いくつかの種類に分けられます。①肯定的・矯正的な助言、②称賛や励まし、③発問、指示などです。どの「言葉かけ」も重要なのですが、中でも低学年の子供は称賛や励ましの言葉により、「できそうな気がする」「もっとやってみたい」と学習意欲が大きく向上します。「できた」ことだけでなく、努力している様子もしっかりと励ますことで、運動することが「楽しい」「好き」につながっていくのです。

低学年では称賛や励ましが「重要」！！

▶ このポイントを押さえよう！

「走る」ことは、日常的な動きであり、様々な運動の基本となります。しかし、ただ走るだけでは新鮮さに欠け、発展も見られません。子供たちには、いろいろなコースで、いろいろな走り方を経験させ、全ての子供たちが、走ることって「楽しい」「気持ちいい」を味わえるようにし、いろいろな運動の基礎となる動きが身に付くようにします。

そのために低学年では、走る体勢やバランスなど、体を巧みに操作し、いろいろな形状の線上などを蛇行して走ったり、まっすぐ走ったりすることができることがポイントとなります。

折り返しリレー遊びや低い障害物を用いてのリレー遊びでは、「確実にバトンパスを行うこと」ができることを大切にします。「スムーズにバトンパスができる」ことだけでなく、「ルールを守る大切さ」も同時に身に付くようにしていくこともポイントです。

5 走・跳の運動遊び

6 走・跳の運動遊び

単元の目標

- ●技能：前方や上方に跳んだり、連続して跳んだりすることができるようにする。
- ●態度：跳の運動遊びに進んで取り組み、きまりを守り仲よく運動をしたり、場の安全に気を付けたりすることができるようにする。
- ●思考・判断：楽しく遊ぶことができる場や遊び方を選ぶことができるようにする。

単元のこだわり

　跳の運動遊びでは、子供たちが「ぴょーんと遠くへ跳ぶ楽しさ」や「ふわっと高く跳ぶ楽しさ」「リズムに乗って跳ぶ楽しさ」を味わえる単元構成にします。単元の前半では、運動遊びを行っていく中で動き方を知り、よい動きに気付くように指導します。単元の後半では、単元前半で経験した場や遊び方を工夫して、動きが広がるように指導します。たくさん体を動かしていくことで、運動する楽しさやできる喜びを味わわせていきます。

　用具の準備では、学校にある用具や物品を活用します。子供たちが使いやすいように、用具に一工夫加えます。ゴムひもに持ち手を付けたり目印に音が鳴る物を付けたりするだけで、運動遊びを行いやすく、楽しい場となります。

　場づくりでは、子供たちが手軽に準備できる場を設定します。単元後半に、グループで相談して場を工夫できるように、基本的な用具の置き方や運動する方向、待機場所等については、単元前半で押さえます。教師が子供たちの動きを把握しやすい場であることも大切な要素です。

用意するもの

○用具：三角コーン、フープ、長なわ、鈴を付けた棒、ゴムひも、リングバトン、カラースティック、ケンステップ、高跳びスタンド、跳び箱、マット、踏み切り板、紅白玉、得点用ペットボトル

跳の運動遊びの授業をつくろう

授業イメージ

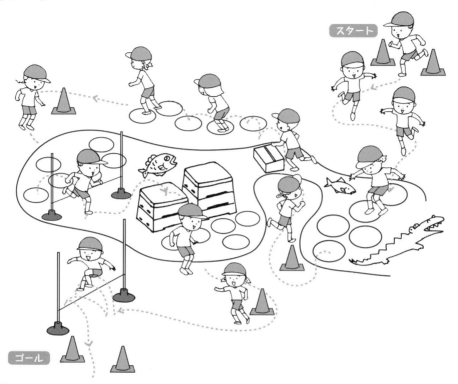

授業づくり上達への道

〈授業のねらいを明確に！〉

　跳の運動遊びにおける身に付けさせたい力を明確にするとともに、『小学校学習指導要領解説　体育編』に示されている技能の例示を参考にして単元計画を作成します。授業全体の見通しをもった上で、1時間ごとの授業のねらいを考えて指導することが大切です。

「とびっこランド」全5時間
＜段階Ⅰ＞動き方を知る。
　　第1時：前方に跳ぶ／幅跳び遊び
　　第2時：上方に跳ぶ／ゴム跳び遊び
　　第3時：連続して跳ぶ／ケンパー跳び遊び
＜段階Ⅱ＞動き方を広げる。
　　第4・5時：工夫して跳ぶ

< Simple is best! >

　用具や場の設定にこだわったり、1時間の活動内容を盛りだくさんにしたりすると、結局こなすことが目的となってしまい、学習のねらいに迫ることができません。シンプルだけど、子供たちや教師にとって無理なく行えるようにしていくことが大切です。1つの動きを繰り返し行っていても、意外と子供たちは飽きません。

＜シンプルでよいこと＞
・用具の準備
・場の設定
・1時間のねらい
・1時間で取り組む運動遊びの内容
・学習カードの記述内容

1年生
「とびっこランド１」

▶ 単元前半の押さえどころ

技能面の大事な注意点として、幅跳び遊びではピタッと「ん」の字で両足着地をすること、ゴム跳び遊びでは足から着地をすることを指導します。着地の指導は運動遊びを安全に行う上で大切です。また、場の準備と片づけの方法を指導しておき、上手にできたら称賛しましょう。

やってみよう（第１時～第３時）

1　準備運動
○音楽をかけて、跳の運動遊びの要素を取り入れた運動を行い、徐々に心拍数を上げていく。
　・全身じゃんけん　・ケンケンドンじゃんけん
　・じゃんけんグリコ　・ハイジャンプ　・Ｓケン、など

> **POINT!!**
> 全身じゃんけんを覚えると、いろいろな運動遊びの場面で活用できます。

2　今日のねらいの確認

第１時：遠くへ跳ぼう！　第２時：高く跳ぼう！　第３時：連続して跳ぼう！

3　学習１：できる楽しさを味わおう！
○場づくりと注意点を確認した後、跳の運動遊びに取り組ませる。まずは、子供たちが跳ぶ動きの楽しさを十分味わえるようにする。
　第１時：幅跳び遊び（フープへジャンプ）
　第２時：ゴム跳び遊び（ゴム跳び）
　第３時：ケンパー跳び遊び（ケンステップ）

4　途中で確認
○着地の仕方について再確認する。
○よい動きに気付かせる。

> **POINT!!**
> 「もっと遠く（もっと高く、もっとリズムよく）に跳ぶためのコツは何だろう？」と子供たちに問いかけ、考えを引き出させましょう。

5　学習２：工夫する楽しさを味わおう！
○場を変える。
　・フープの置く位置を遠くする。　・フープを長なわに変える。
　・ゴムひもの高さを変える。　・ケンステップの幅を広くする。
○よい動きを称賛する言葉かけを意図的に行う。
「ピタッと着地ができているよ！」「大きく腕を振っていていいね！」
「リズミカルに跳べているよ！」「跳ぶ向きを変えていて工夫しているね！」など。

6　まとめ
○楽しかったことや気付いたこと、次にやってみたいことを発表する。

▶ 単元後半の工夫の視点

単元の後半では、単元前半で経験した場や遊び方を工夫して、動きが広がるように指導します。場づくりについては、遠くに跳ぶ場、高く跳ぶ場、リズミカルに跳ぶ場の３つを入れて、自分たちで場を考えるようにします。用具の置き方を工夫すると、跳び方も変わることに気付けるようにしていきましょう。また、ケンパーリレーで競争する楽しさも取り入れていきます。

もっと楽しくなるように（第４時〜第５時）

1 **準備運動**
○これまでの動きをもとに、より素早く、より高く跳んだり、リズミカルに跳んだりすることを意識して運動を行う。
・言うこと一緒、やること一緒　・言うこと一緒、やること反対、など

2 **今日のねらいの確認**

> 第４・５時：跳び方を工夫しよう！「とびっこランドをつくろう！」

3 学習1 ：**競争する楽しさを味わおう！**
○ケンパーリレーで競争する。
「３分間で紅白玉をいくつ運ぶことができるか競争しよう」
第４時：ケンケンコース
第５時：ケンパーコース

4 **途中で確認**
○連続して跳ぶときのよい動きを再確認する。

5 学習2 ：**工夫する楽しさを味わおう！**
○自分たちで「とびっこランド」をつくって楽しむ。
・遠くに跳ぶ場、高く跳ぶ場、リズミカルに跳ぶ場の３つを必ず入れる。
・全グループに同じ用具を同じ数だけ渡す。
・前時までの場や動きなど、既習事項をもとにして考えるようにする。
・組み合わせの順序や用具の置き方は、グループで話し合って決める。
・第５時では他のグループがつくった「とびっこランド」を試す時間を設定する。

POINT!!
工夫した場をつくったグループを紹介し、場のよさを共有しましょう。

6 **まとめ**
○楽しかったことや工夫したこと、できるようになったことを発表する。

6 走・跳の運動遊び

▶ 勝負時間の進め方

1時間目　技能ポイントを押さえよう！

子供の活動	よい授業のためのポイント
○整列 **1　準備運動** 　跳の運動遊びにつながる運動をする。 　・全身じゃんけん 　・ケンケンドンじゃんけん **2　今日のねらいの確認** 　　遠くへ跳ぼう！	・明るい曲調でほどよいテンポの音楽をかけて運動します。いろいろなジャンプを取り入れて、運動量を十分に確保しましょう。 ・易しい運動遊びを取り入れるとよいでしょう。 ・「とびっこランド1」では、遠くに跳んだり、高く跳んだり、連続して跳んだりする運動遊びを行うことを伝えます。本時は遠くに跳んで楽しむことを伝えます。
3　遠くに跳んでみよう！  　　　　　　　　着地は 　　　　　　　　　「ん」 	・場のつくり方や運動遊びの方法を、全員で確認します。 ・跳ぶ順番や待ち方など、安全面の指導を必ず行います。 ・両足で「ん」の字着地ができると、転んで怪我をしないことを理解させます。 ・教師が子供の動きを把握しやすいように、ラインを一直線に引いて、踏み切り線の位置を決めます。踏み切り線の近くにフープを置いて、着地指導を徹底します。 ・片足で踏み切ることが苦手な子供には、両足で踏み切って跳んでもよいことを伝えます。跳ぶ動きに慣れてきたら、片足で踏み切る感覚を徐々につかませていきます。
4　振り返ろう 　よい動きに気付かせたり、着地の仕方について再確認させたりする。 	・よい動きができていた子供を紹介して、動きのポイントについて気付かせ、全体で共有します。 ＜動きのポイント＞ ・両足「ん」の字着地ができている。 ・助走を付けて跳んでいる。 ・力強く踏み切っている。 ・足を大きく開いて跳んでいる。 ・腕を大きく振っている。

5 用具の置く位置や置く物を変えて、遠くに跳んでみよう! ・フープの置く位置を遠くする。 ・フープを長なわに変える。 ・助走の距離を延ばす。  **6 まとめ** 今日の学習を振り返る。 ・楽しかったこと、気付いたこと ・次にやってみたいこと、など	・フープの置く位置を遠くしたり、用具を長なわに変えたりして、遠くに跳ぶ運動遊びを繰り返し行いましょう。 ・よい動きができるようになった子供を称賛しましょう。 ・遠くに跳ぼうとする気持ちが高まってくると、着地が雑になりがちです。安定した着地ができる距離に修正してあげましょう。 ・助走から踏み切りの動きで、「いち・に・さぁ～ん」と声をかけたり、「たたたたぁ～ん」や「ばぁ～ん」、着地では「ピタッ」「ん」等オノマトペを使ったりして跳ぶイメージをつかませましょう。子供たちが自分たちでオノマトペを考えても楽しいです。跳ぶ動きの楽しさや心地よさを引き出しましょう。 ・遠くに跳ぶための動きのポイントを確認しましょう。 ・動きのポイントを考えて運動遊びに取り組んでいた子供や、よい動きができるようになった子供を称賛しましょう。

ちょっと教えて!!

Q 学習カードの内容はどうしたらよいですか?

A 1年生の子供たちの書く力を考慮し、シンプルな内容とします。「関心・意欲・態度」「思考・判断」「技能」については、「◎○△」などの記号で記入し、一言感想枠を設けておくとよいでしょう。

とびっこランド　　ねん　　くみ　　なまえ(　　　　　　　)

	ひにち	きょうのめあて	ふりかえり			
			ともだちとなかよくうんどうできた。 ◎ ○ △	とびかたをくふうした。 ◎ ○ △	いろいろなとびかたができた。 ◎ ○ △	がくしゅうかんそう「せんせいあのね・・・」たのしかったこと、うれしかったこと、くふうしてとんだこと、うまくとべたこと まねしたいこと、つぎにやってみたいこと
1	12/ (　)	とおくへとぼう!				
2	12/ (　)	たかくとぼう!				
3	12/ (　)	れんぞくしてとぼう!				

4時間目　子供の思考を広げよう！

子供の活動	よい授業のためのポイント
○整列 **1　準備運動** 　跳の運動遊びにつながる運動をする。 　・言うこと一緒、やること一緒 　・言うこと一緒、やること反対	・「言うこと一緒、やること反対」になると、動きが少し難しくなり、楽しさが増します。
2　今日のねらいの確認 　　跳び方を工夫しよう！ 　　「とびっこランドをつくろう！」	・これまで学習した場を組み合わせて、自分たちで「とびっこランド」をつくって楽しむことを伝えます。
3　ケンケンリレーをしよう！ 　ケンパーリレーで競争する。 	・3分間で運んだ紅白玉の数を競います。競争の勝敗はリレーの先着順ではなく、3分間のタイムトライアル制にします。グループ間の人数調整をしなくてすみます。 ・紅白玉を得点用ペットボトルに入れるので、得点する楽しみも味わえます。 ・ケンケンの動きが雑にならないように言葉かけをしましょう。 ・今回の得点を記録しておき、次時の記録と比較するとよいでしょう。
4　振り返ろう 　上手に跳ぶことができた子供の動きを共有する。	・連続して跳んだり、リズムよく跳んだりするためには、声を出してリズムをとると、上手にケンケンができることに気付かせましょう。 「右・右・左・左」「1・1・2・2」

5 「とびっこランド」をつくって楽しもう！

- 遠くに跳ぶ場、高く跳ぶ場、リズミカルに跳ぶ場の3つを必ず入れ、グループごとに組み合わせの順序や用具の置き方を考えさせましょう。

- 全グループに同じ用具を同じ数だけ渡しましょう（例：長なわ1本、三角コーン2個、リングバトンゴムひも1本、ケンステップ12枚）。

- 遠くに跳ぶ場や高く跳ぶ場では、助走・片足踏み切り・着地の動きを観察します。助走から力強く踏み切りができるように助言します。

- 高く跳ぶ場では、片足や両足で連続して跳ぶ動きもできるよう助言します。

- リズミカルに跳ぶ場では、ケンステップの置く位置を変えると跳び方が変わることに気付かせていきましょう。

6 まとめ
今日の学習を振り返る。
- 楽しかったこと、工夫したこと、できるようになったこと、など

- グループで協力して場づくりができたことを称賛しましょう。

- 動きを広げる言葉かけをしたり、よい動きをしていた子供や友達のよい動きを見付けた子供を称賛したりしましょう。

ちょっと教えて!!

Q グループ編成はどうしたらよいですか？

A 1グループ6人程度の人数がよいでしょう。1グループに3組のペアをつくっておきます。このペアで一緒に跳んだり、ゴムひもをもったり、互いの動きを見合ったりしていきます。また、場の準備や片づけも、各ペアに指示を出すことができ、スムーズに行えます。動物やアニメのキャラクター等を使ってペアに名前を付けておくと、子供たちのモチベーションも上がります。ペアの名前は学級で共通の呼び方に決めておくとよいでしょう。

（例）ビブスの色＋ペアの名前（赤グループのカエル・ウサギ・カンガルー、青グループのカエル・ウサギ・カンガルー、白グループのカエル・ウサギ・カンガルー）

2年生

2年生では、こんな発展を目指そう

「とびっこランド 2」

やってみよう（第 1 時～第 3 時）

1 準備運動
　○音楽をかけて、跳の運動遊びの要素を取り入れた
　運動を行い、徐々に心拍数を上げていく。
　　・全身じゃんけん　・じゃんけんグリコ
　　・ゴム跳び　・ジャンプタッチ　・Ｓケン、など

> **POINT!!**
> ペアやトリオ、グループなどいろいろな学習形態を取り入れるとよいでしょう。
> 1年生で学習したよい動きを思い出させましょう。

2 今日のねらいの確認
　　第 1 時：遠くへ跳ぼう！　第 2 時：高く跳ぼう！　第 3 時：連続して跳ぼう！

3 　学習1　：できる楽しさを味わおう！
　○場づくりと注意点を確認後、跳の運動遊びに取り組ませる。
　　第 1 時：幅跳び遊び（川跳び）
　　第 2 時：ゴム跳び遊び（ゴム跳び）
　　第 3 時：ケンパー跳び遊び（ケンステップ）

> **POINT!!**
> 1年生の学習を想起させましょう。
> ・両足「ん」の字着地
> ・「もっと遠く（もっと高く、もっとリズムよく）」跳ぶためのコツ

4 途中で確認
　○着地の仕方について再確認する。
　○よい動きに気付かせる。

5 　学習2　：工夫する楽しさを味わおう！
　○場を変えて取り組む。
　　・ケンステップと踏み切り板を使う。跳び箱を使う。
　　・ケンステップの枚数を増やす。ケンステップの置き方を変える。
　○よい動きを称賛する言葉かけを意図的に行う。
　「膝を曲げて着地ができているね！」「片足で上手に踏み切れているよ！」
　「斜めから上手に助走できたね！」「リズムを考えて跳んでいるね！」
　など。

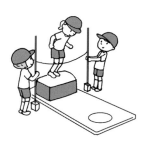

6 まとめ
　○楽しかったことやできるようになったことを発表する。

ちょっと教えて!!

Q 学びの連続性について気を付ける点はありますか？

A 学習指導要領の中学年の幅跳びや高跳びの技能について把握しておくとよいでしょう。それを踏まえ、2年生の後半では、幅跳びや高跳びにつながるような動きの言葉かけを意図的に行ってみましょう。

2年生での押さえどころ

2年生では、運動遊びの人数を変えたり、跳ぶ向きを変えたりすると楽しさが広がることに気付かせていきます。また、川跳びでは短い助走から片足で踏み切ったり、ゴム跳びでは助走の位置を中央・右・左などいろいろな位置から跳ぶようにしたりするなど、1年生で学習した運動遊びの動き方を発展させていきます。用具も踏み切り板や跳び箱を加えるなどして、運動遊びがより楽しくなる場をつくり、より遠く、より高く跳ぼうとする意欲を高めていきます。

もっと楽しくなるように（第4時～第5時）

1 **準備運動**
　○これまでの動きをもとに、より素早く、より高く跳んだり、リズミカルに跳んだりすることを意識して運動を行う。
　　・言うこと一緒、やること一緒　・言うこと一緒、やること反対、など

2 **今日のねらいの確認**
　第4・5時：跳び方を工夫しよう！「とびっこランドをつくろう！」

3 **学習1：競争する楽しさを味わおう！**
　○ケンパーリレーで競争する。
　「3分間で紅白玉をいくつ運ぶことができるか競争しよう」
　第4時：ケンケンコース　第5時：ケンパーコース

4 **途中で確認**
　○連続して跳ぶときのよい動きを再確認する。

5 **学習2：工夫する楽しさを味わおう！**
　○自分たちで「とびっこランド」をつくって楽しむ。
　・遠くに跳ぶ場、高く跳ぶ場、リズミカルに跳ぶ場の3つは必ず入れる。
　・全グループに同じ用具を同じ数だけ渡す。
　・前時までの場や動きなど、既習事項をもとにして考えさせる。
　・遠くへ跳ぶ場から設定する。高く跳ぶ場、リズミカルに跳ぶ場の順序や用具の置き方はグループで話し合って決める。
　・第5時では他のグループがつくった「とびっこランド」を試す時間を設定する。

POINT!!
いろいろな場の楽しさに気付かせるとともに、よい動きをしている子供を称賛するなど、意図的に言葉かけをしましょう。

6 **まとめ**
　○楽しかったことや工夫したこと、できるようになったことを発表する。

ちょっと教えて!!

Q 評価の方法はどうするとよいでしょうか。
A 1時間の中で重点的に評価する項目と子供を決めておくとよいでしょう。授業後の学習カードの内容を受け、次時に重点的に評価する子供を事前に決めておくことも大切です。

CHECK!! これを知っておくと便利

▶ 用具を工夫しよう！

（1）リングバトンにゴムひもを結ぶ
→子供がゴムひもをもちやすくなります。

　ゴム跳びをするとき、子供同士でゴムひもをもたせると、ゴムひもが手から離れてしまうことがあります。そこでゴムひもの両端をそれぞれリングバトンに結びます。リングバトンなら子供も握りやすいので、ゴムひもが急に手から離れることなく、安全にゴム跳びをすることができます。

→簡易高跳びバーとして使用できます。

　リングバトンをそれぞれ三角コーンの上から差し入れると、簡易高跳びバーとして使用することができます。持ち手を必要としないので、子供たちの運動量を確保することができます。

（2）カラースティックの先に鈴を取り付ける
→高く跳ぶときの目標になります。

　高く跳ぶ運動遊びをするとき、カラースティックの先に付いている鈴を鳴らすようにすると、跳ぶときの目標になるだけでなく、音も鳴るので楽しさが広がります。鈴の持ち手が下になるように取り付けるとよいでしょう。鈴のほかにカスタネットでも代用できます。

→高さを簡単に調整できます。

　子供によっては高く跳べる子もいればそうでない子もいます。また身長差もあり、目標物の高さを固定化することは難しいものです。このカラースティックだと、持つ位置や角度を変えれば、目標物を子供に応じた高さに簡単に変えることができます。

▶ シンプルな場にしよう！

（1）全時間共通の場を設定する
→場づくりの指導時間が減り、運動量を確保できます。

　毎時間運動遊びの場が変わると、場づくりの準備に時間がかかるだけでなく、教師もその都度場づくりの指導が必要となり大変です。基本の場やコースを決めることで、場づくりの経験が第1時から蓄積されていきます。場づくりの時間が減ることは、運動量の確保にもつながります。また、教師の立ち位置も明確になり、子供たちの動きを把握しやすくなります。

(2) 全グループに同じ用具を同じ数だけ渡す
→決められた用具の中で工夫しようと、思考が広がります。

　好きな用具だけを使わせて場をつくらせると、グループによって使える用具、使えない用具が生じるだけでなく、教師がねらいとしている動きを引き出せないこともあります。また、グループごとに使う用具や数が違っていると、子供たちは不公平感を抱きます。そこで、あらかじめ教師がねらいとしている動きが引き出せる用具を、全てのグループに平等に渡すことが大切です。同じ条件のもとで運動遊びをすることで、動き方の工夫や場づくりの工夫が引き出され、子供たちの思考が広がっていきます。

▶ この技能は確実に指導しよう！

(1) 着地の指導は繰り返し行う
→安全に運動する意識を育みます。

　子供たちは運動遊びに慣れてくると、より遠く、より高く跳びたい気持ちが高まり、動きに勢いが付いてきます。勢い余って着地の姿勢が不安定になると、思わぬ怪我につながります。安全に運動遊びをするためには、無理に遠くに跳んだり高く跳んだりできることがよいことではなく、安定した着地ができていることが大切であることを繰り返し指導します。

(2) 踏み切りの指導は「ん」の字になるように
→跳ぶ感覚を十分体感させます。

　第1時ですでに助走を付けて片足で踏み切って跳ぶことができる子供もいれば、両足で踏み切って力強く跳ぼうとする子供もいます。まずは跳ぶ感覚を十分体感させた上で、徐々に助走を付けて片足で踏み切って跳ぶことを指導していきます。かけ声やオノマトペなどを使うと、踏み切るイメージをつかみやすくなります。

▶ 運動経験を生かそう！

(1) 幼児期に行った運動遊びを取り入れる
→経験した動きをもとにして運動遊びを楽しみます。

　幼稚園や保育所で行ってきたゴム跳びやゴム跳び越し、跳び越しくぐりの動きや、巧技台や跳び箱を使って遠く高く跳ぶ動きを想起して、運動遊びに取り組むことができます。

(2) ゲーム性の高い運動遊びを準備運動に取り入れる
→競争する楽しさが加わり、運動遊びがより楽しく盛り上がります。

　じゃんけんグリコやドンじゃんけん、Sケン、うずまきケンケンなど、ゲームを通して跳ぶ動きを身に付けることができます。

7　水遊び

単元の目標

- ●**技能**：水につかったり移動したりする遊びや、水に浮いたりもぐったり、水中で息を吐いたりする遊びができるようにする。
- ●**態度**：水遊びに進んで取り組み、仲よく運動したり、水遊びの心得を守って安全に気を付けたりしようとすることができるようにする。
- ●**思考・判断**：水で楽しく遊ぶ行い方に気付いたり、友達のよい動きを見付けたりすることができるようにする。

単元のこだわり

○楽しく活動しながら水への心理的抵抗感を減らすこと

　無理に水に沈む遊びをさせようと思うのではなく、夢中になって遊んでいるうちに、「水が怖くなくなった」「もっと○○したら楽しいよ」と感じられる運動の場や行い方を工夫します。

○いろいろな水遊びを通して、呼吸の仕方がわかること

　夢中になって遊んでいるうちに、自然に水中に沈んだり、水中で目を開けたりすることが必要になる遊びを仕組むことによって、呼吸の仕方にも気付けるようにします。

用意するもの

【水遊びにあると便利な教具】

○フラフープ（輪くぐり用）

　置き方（縦横、深さ）や数を変えることで、いろいろな輪くぐりができます。

○ビート板、プカプカボール
　（様々な浮き方をする用）
　1人やみんなで浮かんだり、浮いて進んだりできます。

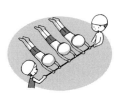

○滑り台やプールフロア
　（ウォータースライダー用）

○碁石や水中リング（石拾い用）

○ビーチボール等
　（ヘディングリレー用）

○ホワイトボード
- ・水遊びのルールを掲示し、毎時間確認します。
- ・今日のめあてや活動の説明を確認します。
- ・授業の中で出てきたよい動きのポイントを板書することで、理解を深めます。

水遊びの授業をつくろう

授業イメージ

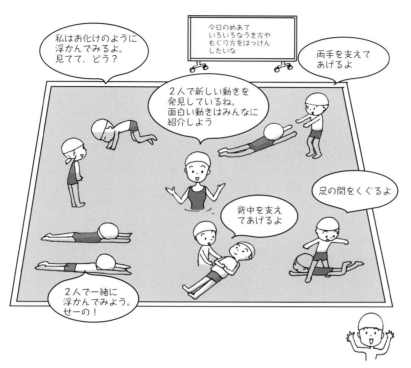

授業づくり上達への道

〈導入が勝負どころ〉

【プールサイドでの水慣れ】

シャワーを浴びながら水遊びをします。
・呪文、歌を歌う
・ジャンケン
・滝修行、など
★自然な呼吸ができることが大切です!

※ゴムホースでシャワートンネルをつくることも有効です

【プールの中での水慣れ】

すぐにもぐったり浮いたり、バタ足をしたりしません。
・いろいろな姿勢で歩いたり走ったりします。
★子供の実態に合わせて、浮く・もぐる動きも取り入れます。

〈ルールの確認を徹底〉

【バディづくり】

ペアまた4人1組をつくっておくと、様々な水遊びに生かせます。
★安全面からも有効。

【水遊びの心得を守ること】

走らない、ふざけない、友達に水をかけない、足を引っ張らない、など

★プールに入ると、指導者の声が届かないことがあります。
→「バディ」の声がかかると、仲間を確認し、話を聞くというルールを確認。
★順番を守って仲よくすることを毎時間確認しましょう。

1年生
「うきうき　ぶくぶく　みずあそび！」

▶ 単元前半の押さえどころ

1年生では、水を怖がらずに水中で体を自由に動かしたり顔つけをしたりします。また、水の中でのいろいろな遊び方を知り、楽しく遊ぶ行い方を考えます。

やってみよう（第1時～第6時）

1　準備運動
　【プールサイド】体の各部位のストレッチなど。
　　　　　　　　シャワーで水慣れ（全員で呪文を唱えたり、歌を歌ったりする）。
　【プールの中】　全員が同じ方向に歩いたり走ったりする（流れるプールづくり）。
　　　　　　　　ペアで水のかけっこ（2人同時に、1人がお地蔵さんになって）。

2　今日のねらいの確認
　　ルールを守って、みんなで楽しく水遊びをしよう。

> **POINT!!**
> まず、簡単な動きから始めます。徐々に顔が水面に近付くような動物の動きをしていきます。
> ※子供にやりたい動物を考える場を設定してもよいでしょう。

3　学習1
　○動物のまねっこ遊び
　　カニ、カンガルー、カエル、ワニ、アヒル。
　○水中リレー
　　動物のまねっこでリレー。
　　ボールをもってリレー、ヘディングリレー。

4　途中で確認
　○友達のよい動きを紹介し合ったり、次の水遊びのルールを確認したりする。
　　※一度プールサイドに子供たちをあげるとよい。

5　学習2
　○ウォータースライダー
　　いろいろな姿勢でウォータースライダーを滑る。
　○鬼遊び
　　手つなぎ鬼、ワニ泳ぎ鬼ごっこ、顔つけ鬼ごっこ、安全地帯鬼ごっこ、など。
　　※次第に顔をつける鬼ごっこにしていく。

6　まとめ
　【プールサイド】整理運動をしながら、個々の体調を確認する。
　　　　　　　　今日の頑張っていた友達（顔つけやもぐる動き）を紹介し合う。

▶ 単元後半の工夫の視点

水に慣れてきたら、脱力して水に浮いたり、頭までもぐったりすることにも挑戦します。遊びの中で呼吸の仕方に気付くように、ペア等で遊びを工夫していきます。

もっと楽しくなるように（第7時～第10時）

1　準備運動
　【プールサイド】体の各部位のストレッチなど。
　　　　　　　　シャワーで水慣れ（全員で呪文を唱えたり、歌を歌ったりする）。
　【プールの中】　流れるプールをつくり、笛の合図で浮かんだり、反対方向へ走ったりする。
　　　　　　　　水中ジャンケン、水中伝言ゲーム、2人組でシーソー、動物歩き、ロケットごっこ。

2　今日のねらいの確認
　　水に浮いたり、もぐったりして、新しい動きを発見しよう。

3　学習1
　○石ひろい競争（リングや棒があれば使用）
　　拾った数で競争、指定された色で競争、など。
　○トンネルごっこ
　　輪を上や下からくぐる、ペアの友達のまたの下をくぐる。
　　※いろいろなトンネルをペアやグループで考えてつくり、
　　　くぐり合う。

4　途中で確認
　○友達のよい動きを紹介し合ったり、次の水遊びのルールを確認したりする。
　　※一度プールサイドに子供たちをあげるとよい。

POINT!! 子供たち同士で様々な動きを見付け出す場を設定することで、何度も水にもぐったり浮いたりする必要感が出てきます。

5　学習2
　○いろいろなもぐり方をペアで考える。
　　手をつないで、水中たし算、プールの底にタッチ、など。
　○いろいろな浮き方をペアで考える。
　　スーパーマン浮き、だるま浮き、クラゲ浮き、大の字浮き、
　　ラッコ浮き、など。

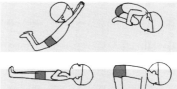

6　まとめ
　【プールサイド】整理運動をしながら、個々の体調を確認する。
　　　　　　　　今日の頑張っていた友達（浮く・もぐる動き）を紹介し合う。

▶ 勝負時間の進め方

2時間目　導入で子供の心をわしづかみ

子供の活動	よい授業のためのポイント
○整列 **1　準備運動** ・ジャンプ、体の各部位の伸長を行う。 ・シャワーを浴びながら呪文を唱える。  **2　ウォーミングアップの水慣れ遊びをする** ・水の中を列になって歩く（グループで自由に）。 　水に慣れていたら、じゃんけん列車もできます。 ・ペアで水かけっこをする。 **3　今日のねらいの確認** 　　水の中でいろいろな動物に変身しよう。 ・「猛獣狩りに行こうよ」のリズムに合わせて、いろいろな動物に変身していく。 　カニ、アヒル、カエル、カンガルー、ワニ 　カバ、アザラシ、イルカ、など。 ※見学の子供がいるときには、教師の助言を受けながら、その子が名前を言う。  **4　振り返ろう** ・どの動物にも変身できたかを振り返る。 ・ペアの友達のよい動きを紹介し合う。	・タオルの置き場所や見学するときの場所等も早い段階で指導しておくと、その後の指導がスムーズです。 ・シャワーを浴びながらしゃべることは、呼吸の仕方につながります。目も開けるようアドバイスするといいですね。学級独自で呪文を考えて楽しみましょう。 ・水に慣れていない子供もいるので、簡単で楽しい動きから挑戦します。教師も一緒に楽しみます。 ・水に慣れてきたところで、教師や友達がバケツをもち、水入れ合戦もできます。 ・事前に表現リズム遊びで「猛獣狩りに行こうよ」を経験しておくと、やり方がわかっているのでより楽しめます。 ・今日のめあてを確認するので、一度プールサイドに座りましょう。「どんな動物ができそうか」ということについて、発言する時間を設定するのも有効です。 ・動物の名前を全員が聞き取れるように、「教師が名前を言うタイミングのときは水音をたてないようにする」というルールを設けることが大切です。 ・水を怖がらずに、もぐったり顔つけをしたりできていた子供を紹介し、目指す動きのイメージを子供と共有します。

・次は、動物に変身して、変身リレーをすることを確認する。	・友達のよい動きを見付けていた子供を称賛し、一緒に楽しむことのよさを知らせます。ぶくぶくと口や鼻から息を吐いている子供がいたら紹介するとよいでしょう。 ・ホワイトボードに変身リレーの動物のカードや、リレーのルールを示し、何をするのかをわかりやすくします。
5 動物まねっこリレーをする ・ルールを確認する。 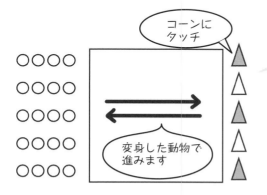 ・「カニ→カンガルー→カエル→ワニ」でリレーをする。  ・最後は、なりたい動物を決めてリレーをする。 ★学級全員が同じ動物に変身 ★グループで同じ動物に変身 ★1人1人が違う動物に変身	・事前に走の運動遊びでリレーを経験している場合は、動物ごとにスタートする順番を変えていくと意欲が継続し、盛り上がります。 **動物まねっこリレーのルール** ①変身した動物で進みます。 ②コーンにタッチします。 ③次の友達と手でタッチします。 ④終わったら、後ろに並びます。 ⑤友達をみんなで応援します。 ⑥上手く進んでいる友達を見付けます。 ・次第に水面が顔に近付く動物を取り上げていきましょう。 ・水深がありプールの底に手がつかない場合は、その動物のイメージでしゃがんで歩いてもよいことを伝えましょう。 ・「バディ」でペアの友達が元気かどうかを確認します。調子が悪くなっている子供がいないかを確かめながら、整理運動をします。
6 まとめ ・整理運動をプールサイドで行う。 ・今日、頑張っていた子供を紹介し合い、次の時間の学習の見通しをもつ。	・気温が低い場合は、教室で今日の振り返りをするとよいでしょう。

ちょっと教えて!!

Q 水遊びに夢中でなかなか子供が話を聞くことができません。

A 低学年の子供は水に入ったままでは、教師の指示を聞けないときがあります。大切な指示をしたり、友達のよい動きを見たりするときは、プールサイドにあげるとよいでしょう。ただし、水温が低い場合は、プールの壁まで下がり、水音をたてないようにするとよいでしょう

7時間目　後半のスタートを確実に

子供の活動	よい授業のためのポイント
○整列 **1　準備運動** ・ジャンプ、体の各部位の伸長を行う。 ・シャワーを浴びながら呪文を唱える。 ※呪文を歌に変えてもよい。	・プールでの学習になれてきた頃です。もう一度、安全のためのルールを教室で確認しておきます。
2　ウォーミングアップの水慣れ遊びをする ・水の中を列になって歩いたり走ったりして流れるプールをつくる。  ・ペアでシーソーごっこや水中じゃんけんをする。  ※立ってシーソー ※座ってシーソー	・ウォーミングアップの遊びでは、少しずつ浮いたり潜ったりする動きを取り入れていきます。 ・水の勢いで、流されてしまうことがあります。子供同士がぶつからないよう気を付けましょう。 ・自然に顔に水がかかる遊びを取り入れていきます。顔に水がかかるとすぐに顔を手で拭きたがりますが、友達と手をつないで行う遊びにすることで、その回数も減っていきます。ただし、怖がる子供もいるので、子供の様子をよく見て支援をしましょう。
3　今日のねらいの確認 　　いろいろな浮き方やもぐり方を発見しよう。 ・石拾い競争をする。 　学級を2チームに分けて、競争する。 〈規則の工夫〉 ★拾った石の数 ★指定した色の石の数 ★みんなで「○個」と決めて、それに近い数  ・トンネルごっこをする。 　2ペアを1グループとして、順番に輪を上下や横からくぐる。 	・今日のめあてをホワイトボードに掲示すると、わかりやすくなります。 ・石拾いは、回数を重ね慣れた頃に、色の指定等をすることで、水中で目を開けなくてはいけない状況をつくり出します。 ・輪は4人で1～2つあると、子供同士で輪をもち合い、何度も挑戦できます。 ※子供が自分で輪の置き方を決めるのも楽しさアップにつながります。

4 振り返ろう ・ペアの友達のよい動きを紹介し合う。 ・次は、いよいよ動きの発見大会をすることを確認する。	・動きの発見では、お互いにアイデアを出し合ったり、教師が例示したりすることで活動の見通しをもちます。
5 いろいろな浮き方やもぐり方をペアで考える ・もぐり方 　1人でもぐる（上向き、下向き、丸くなって、など） 　2人でもぐる（手をつないで、交互に、など）  浮き方・もぐり方のどちらに挑戦してもよいことを確認します。 ・浮き方 　1人で浮く 　2人で浮く  2人で手をつないで大の字浮き ・他のペアの楽しいアイデアを自分も試す。 　だるま浮き、お化け浮き、クラゲ浮き 　ラッコ浮き、ばんざい浮き、など。	・ペアで行うことで、浮き方やもぐり方を考えようと何度も挑戦します。動きがなかなか出ない場合は、他の友達の動きを見たり、教師が一緒になって行ったりします。 ・ビート板を使うのもよいですが、順番に使用することや、なくても浮いたりもぐったりするようアドバイスします。 ・呼吸の仕方が大切になるので、どれくらいの時間、浮いたりもぐったりできたのかを問い、「1・2・3、プパッ、すぅ〜」のリズムを知らせます。 ・脱力して浮いている友達を紹介し、全員に挑戦することを促します。 ・子供のいろいろなアイデアを取り上げ、ホワイトボードに書いていくと、もっと見付けたいという意欲の向上につながります。
6 まとめ ・整理運動をプールサイドで行う。 ・今日、頑張っていた子供を紹介し合い、次の時間の学習の見通しをもつ。	・「バディ」の確認をします。子供の体調を確かめながら、整理運動をします。 ・浮き方やもぐり方をして楽しかったことや困ったことを出し合い、次の時間にもう一度行うことを確認します。

ちょっと教えて!!

Q 呼吸の仕方がわからず、子供が浮いたりもぐったりできません。

A すぐに頭までつけてもぐることは難しいので、少しずつ水につかることを認めていきましょう。また、しっかり顔をつけて、口や鼻から息を吐き、水中から出たときに「パッ」と息を吸うことができるように言葉かけを工夫していくとよいでしょう。

※低学年では、鼻から息を出して口で吸うのは難しい子供もいるので、口から出すことも大切です。また、息を出せない子供には、息を止めることを教えてもよいでしょう。

2年生

2年生では、こんな発展を目指そう

「もぐって うかんで スーイスイ！」

やってみよう（第1時～第6時）

1 **準備運動**
   【プールサイド】体の各部位のストレッチなど。シャワーで水慣れ。
   【プールの中】流れるプールづくり（笛の合図で反対方向に歩いたり、水に浮かんだり）、ペアで浮いたり、もぐったりする（水中ジャンケン、水中伝言ゲーム、など）、動物歩き（カエル、アザラシ、など）をする。

   POINT!!
   1年生での経験を生かし、水遊びの学習の安全面でのルールや、2年生での目標を教室で確認しておきましょう。

2 **今日のねらいの確認**
   みんなで浮いたりもぐったりする遊びをしよう。

3 学習1
   ○石拾い競争：ダイブボールで（数や色指定）
   ○トンネルごっこ：全員で、グループで、ペアで
   ○ペアでいろいろな浮き方に挑戦：大の字、クラゲ浮き、背浮き、だるま浮き、変身浮き、など

   POINT!!
   1年生で経験した遊びから入ります。いろいろな浮き方では、「大の字→クラゲ浮き→だるま浮き」と連続した遊びにも挑戦します。すると、子供たちが自分でいろいろ変身しながら浮く遊びを楽しむことができます。

4 **途中で確認**
   ○友達のよい動きを紹介し合ったり、次の水遊びのルールを確認したりする。
   ※一度プールサイドに子供たちをあげるとよい。

5 学習2
   ○もぐって進む遊び、浮いて進む遊び：カンガルージャンプ、イルカジャンプ、スーパーマンに変身、など
   ○引っ張りっこ競争に挑戦：ペアの人の両手をもって、肩をもって、ビート板をもって、など
   ※子供からのアイデアを大切にする。

6 **まとめ**
   【プールサイド】整理運動をしながら、個々の体調を確認する。
   今日の頑張っていた友達（もぐったり浮いたりする動き）を紹介し合う。

ちょっと教えて!!

Q 全身に力が入り、体が丸まり、まっすぐな姿勢で浮くことができません。

A 水への恐怖心から体が曲がってしまいます。脱力の感覚を身に付けるには、はじめは教師や友達に支えてもらったり、様々な補助具につかまって伏し浮きをしたりします。また、顎を引かせるために、「プールの底を見てごらん」「自分のおへそを見てごらん」と声かけをします。

2年生での押さえどころ

1年生の授業では、水を怖がらず脱力して水中で自由に体を動かしたり、呼吸の仕方を知ったりすることを中心に構成しました。2年生では、水に慣れた段階なので、浮いたりもぐったり、浮いて進んだりすることへ活動を広げます。

もっと楽しくなるように（第7時〜第10時）

1　準備運動
　【プールサイド】体の各部位のストレッチなど。シャワーで水慣れ。
　【プールの中】　ペアで浮いたりもぐったりする。
　　　　　　　　　壁をもってバブリングをしたり、列ごとに進みながらボビングをしたりする。

> **POINT!!**
> 伏し浮きをするときも呼吸の仕方や目線を大切にした助言をしましょう。子供の実態に応じた補助具を用います。伏し浮きをした時間を毎回計っておくと自分の伸びがわかります。

2　今日のねらいの確認
　　浮いたりもぐったりする遊びで水遊び大会をしよう。

3　学習1
　○いろいろな伏し浮きに挑戦
　　・壁につかまって、友達に引っ張ってもらって
　　・ビート板をもって（友達にビート板を引っ張ってもらう）
　　・友達と一緒にポールにつかまって（友達に引っ張ってもらう）、など

4　途中で確認
　○友達のよい動きを紹介し合ったり、次の水遊びのルールを確認したりする。
　　※一度プールサイドに子供たちをあげるとよい。

5　学習2
　○水遊び大会
　　・伏し浮き時間競争（ペアで時間を足し算）※けのびで距離の競争をしてもよい。
　　・ペアでトンネルくぐり競争（ペアで交代しながら進む）
　　・ビート板（ポール）を引っ張ってもらって競争
　　・水中障害物競争、イルカジャンプ→輪くぐり→コースロープくぐり

6　まとめ
　○水を怖がらずに浮いたりもぐったりしているかを確認する。
　　1人1人の頑張りを学級全体で称賛する。
　　【プールサイド】整理運動をしながら、個々の体調を確認する。

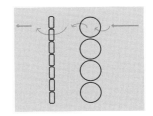
沈む輪があればそれを利用する

ちょっと教えて!!

Q 泳ぎが得意な子供が喜ぶ授業をするためには？

A どの学級にも泳ぎが得意な子供がいます。きれいなストリームラインができている場合は、教師が両足の裏を押すことで勢いよく進む楽しさを味わわせたり、進む動きを取り入れた競争をしたりして、3年生の動きにつながる遊びをします。

CHECK!! これを知っておくと便利

▶ 低学年の水遊びでは、ばた足（キック）から始めないこと

～「脱力する」「水の抵抗を感じる」ことを優先して～

まずは「脱力」できることが大切です。ばた足をすることで、体に力が入り、水の中で自由な身体操作が困難になることがあります。

<u>脱力したストリームライン（一直線の棒のような姿勢）</u>が大切です。
・腕を耳の後ろでしっかりと組みます。
・腰が反ったり、頭が上がったりしません。
・両手と両足をまっすぐにできるだけ伸ばし、リラックスします。

体が緊張していると、足首や膝、腰に力が入り、曲がってしまいます。

「水の抵抗を感じる」動きを繰り返すうちに、水に対しての身体操作を工夫するようになります。低学年では、水の中を移動する遊び（歩く、ジャンプする、走る、浮く、もぐる、など）をしっかり行うことが大切です。

「脱力」→「浮く（もぐる）」→「進む」と少しずつ丁寧に指導していきましょう。

※水遊びは、距離やタイムを競うことを目指すものではありません。

【「浮き方」合い言葉】
○ぷ～か、ぷ～か
　ゆ～ら、ゆ～ら
　ふわふわ、等
○クラゲのように、お化けのように
　（子供のイメージで）

▶ 安心して呼吸ができる水遊びにすること

～教師や友達からの言葉かけがポイント～

恐怖心から顔つけやもぐることができない子供の中には、ゴーグルをつけることで安心できる子供がいます。水に慣れ、自然ともぐれるようになってから、ゴーグルを外すようにしましょう。

ゴーグルは、水が苦手な子供の強い味方になります。

水の中で、鼻や口から息を出すことは、子供にとって大変難しいことです。なかなかできない子供には、<u>息を止めること</u>も認めましょう。呼吸の仕方を合言葉で共有化し、教師だけでなく子供同士のアドバイスにも使います。

※プールサイドで、全員で練習することも有効です。
※教師も一緒にプールに入り、子供に寄り添うと、
　子供の水への恐怖心がゼロに近付きます。

【「呼吸の仕方」合い言葉】
○イチ、ニイ、サ～ン、プハッ（吐く）、すぅー（吸う）
最後の「プハッ」は、まとめて息を強く吐き、十分に息を吸います。

▶ 夢中になって繰り返す水遊びの工夫事例

★水遊びの学習までに経験した他の領域の運動遊びを生かすこともできます

「ボール送りゲーム」：頭上やまたの下から次の人にボールを渡します。
「だるまさんが転んだ」：「転んだ」の言葉で水にもぐります。
「リーダーに続け！」：ペアの人の真似をしながら移動し、合図で交代します。
「グリコジャンケン」：勝った人はイルカジャンプで進みます。
「ドンジャンケン」：プールの端からスタートし、出会ったところでジャンケンします。負けたら、戻ります。勝ったらそのまま進みます。
「ネコとネズミ」：2チームに分かれ、自分の動物が呼ばれたら逃げます。
「リズムスイミング」：曲のリズムに乗って踊ったり、お話に合わせて動きをつくったりします。

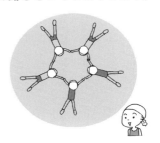

【遊びながらよい動きに気付く工夫を】
〇教師の言葉かけ
　「〇〇さんは、水の中に隠れて見えないよ」
　「ロケットみたいなジャンプだね」
　「手で大きく水をかきながら進むと早いね」
〇ペアやグループでの遊び
　水が苦手な子供も、友達と一緒に遊ぶことで抵抗感が減るだけでなく、友達からの応援で頑張れます。友達のよい動きを真似すると楽しいという実感を味わえるようにします。

▶ 3年生の「浮く・泳ぐ運動」につながるポイント

★3年生では、浮いて進むことを目指します

浮いて進む学習を行う際に大切なのが、「けのび」です。

【けのびのつまずき】
・一度もぐらずにそのまま浮こうとする。
・壁をけらずに、プールの底をけってから始める。
・顎を引かずに浮くために、頭が上がり体がまっすぐにならない。

低学年の伏し浮きでは、補助具を使ったり1人で行ったりしますが、少しずつ壁をけるという経験や、一度顔をつけたり、もぐったりしてから始めるという経験をさせておくと3年生での学習がスムーズになります。

頭までもぐり小さく丸くなる

両足で壁を強くける。

まっすぐ伸びて、水面に浮かんでくるまで待つ。

7　水遊び

8 ゲーム

単元の目標

- **技能**：一定の区域で、逃げる、追いかける、陣地を取り合うなどをできるようにする。
- **態度**：運動に進んで取り組み、きまりを守り仲よく運動をしたり、勝敗を受け入れたり、場の安全に気を付けたりすることができるようにする。
- **思考・判断**：簡単な規則を工夫したり、攻め方を決めたりすることができるようにする。

単元のこだわり

　この単元では、簡単な規則による鬼遊びによって、「鬼にタッチされないように逃げ込んだり身をかわしたり、鬼のいない場所に駆け込んだりする動き」に加えて、「2、3人の仲間で連携して鬼をかわしたりするなどの動き」が高まることをねらいとしています。

　子供たちが夢中になって鬼遊びをすることを通して、それらの動きを身に付けていくためには、段階的に配列した鬼遊びを数時間続けて行うことが重要です。特にゲーム領域の場合は、1、2時間ごとに遊びの種類をどんどん変えると、「ゲームの規則を覚える→次のゲームの規則を覚える…」というように、ゲームの規則を覚えるだけの学習になってしまい、学習の深まりが期待できません。ゲームの規則を十分に理解した上で同じ遊びを数時間続けることによって、「鬼につかまらないためにはどうしたらいいかな？」「得点をとるにはどうしたらいいかな？」と子供たちはそこで必要となる動きを見付け、工夫していきます。

用意するもの

  ハチマキやタオルでも可  コートに3つずつ

ゼッケン（全員分）　　タグ（全員分）　　　　　　　ボール　　　　　　コーン

○宝取り鬼：「カゴ（チームに1つ）」「紅白玉」「タグ入れ（ステップリングやラインでも可）」を用意します。

○宝運び鬼：「作戦ボード（ミニホワイトボードや作戦用紙）」があるとチームでの話合いがスムーズです。「得点板」を追加で用意します。

宝取り鬼：チームごとの「カゴ」に「ゼッケン」「タグ」「紅白玉」などをまとめておくと便利です。

鬼遊びの授業をつくろう

授業イメージ

しっぽとり鬼（チーム対抗）

ゲーム前・後の挨拶

ゲーム前の円陣

チームでの話合い

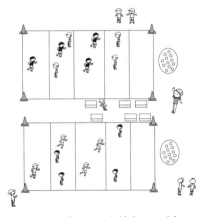
宝取り鬼（攻め4人対守り4人）

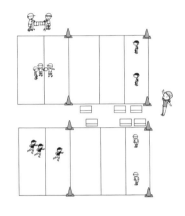
宝運び鬼（攻め3人対守り2人・チームでボール1つ）

授業づくり上達への道

〈チームの意識をもたせるために〉

「チームの人数」は4～6人とします。「チーム数」は、偶数にします（例えば、4人×8チーム。そのうち、2チームを合同チームにもできる）。チームが決まったら、チームごとに「役割」を決めましょう。そのときに、「ゼッケンの番号」と「役割」を組み合わせると、誰が、どの係を担当するかが一目でわかり、指導しやすくなります。例えば、1チーム4人の場合、「1：リーダー（チームをまとめる）」「2：記録係」「3：応援・励まし係」「4：応援・用具係」とします。また、ゼッケンの番号を使うことで、整列やゲームの説明もしやすくなります。

〈ゲームの規則の確認を徹底〉

ゲームの規則を十分に理解させることが重要です。子供たちがゲームの規則を理解できていないと、教師は、規則に関する指示・確認が多くなり、子供たち1人1人の動きに目を向けることが難しくなります。

ゲームの規則を説明する場面では、教師は言葉だけではなく、実際の場や動きを見せることで子供たちの理解を深めます。加えて、いつでも、ゲーム規則を確認できるように掲示しておくことも重要です。

1年生
「宝を手に入れよう！」

▶ 単元前半の押さえどころ

単元前半は、鬼遊びの行い方を知り、鬼のいない場所に駆け込んだりしながら、ゲームを楽しみます。子供たちがいろいろな動きを見付け、試せるように、何度でも挑戦できるようにします。そして、より多くの成功体験を味わえるようにすることがポイントです。

やってみよう（第1時〜第4時）

1 準備運動
  - 軽快な音楽にのって、楽しく体を動かす。怪我の予防のため、補助運動として足首はしっかりやっておく。

2 ゲーム1のしっぽとり鬼（全員対抗）のねらいの確認

  > 逃げたり、追いかけたりする動きをしながら、ゲームを楽しもう！

  - タグの付け方、取り方を確認する。

  POINT!! 周りをよく見ながら動くように声をかけます。

3 **ゲーム1**：しっぽとり鬼（全員対抗）
  - コートは2面で行う（ゲーム2のコートを使用）。
  - 自分のタグが取られても、相手のタグを取りにいくことができるようにする。

4 **ゲーム2**：宝取り鬼（攻め4人対守り4人）〈前半〉
  - コートは2面で、チーム対抗で行う（下図参照）。

5 ゲーム2のねらいの確認

  > 宝を取るために、どんな動きをすればいいのかな？

  - ゲーム〈前半〉を振り返り、子供たちがゲームの中で見付けた「宝を取るための（鬼ゾーンを通るため）動き」を取り上げる。
  - 子供が見付けた動き（例）：①1人の動き「素早い動き」「大きく回る動き」「ジグザグに走る」「コートの端をねらう」、②2人以上の動き「仲間と一緒に」「仲間とバラバラに」「集まる」「広がる」。

  POINT!! 子供たちからよい動きを引き出します。

  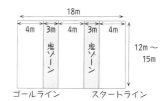

6 **ゲーム2**：宝取り鬼（攻め4人対守り4人）〈後半〉
  - 動きの成功・失敗は、鬼ゾーンを通り抜けられるかによって判断できるため、子供たちは夢中になってたくさんの動きを試しながら見付けていく。子供たちのよい動きに対して称賛したり、鬼ゾーンをなかなか通り抜けられない子供に対して助言をしたりする。

7 まとめ
  - 子供が見付けた友達のよい動きを紹介したり、試したりしながら、学習の振り返りをする。

単元後半の工夫の視点

単元前半で経験した鬼遊びの動きに加えて、単元後半は、「チームの仲間と連携した動き」が求められるゲームへと発展します。子供たちは、チームの仲間と連携して、鬼をかわしたり、走り抜けたりしながら、攻め方を見付けていきます。うまく攻められたときの喜びや満足感は大きく、チームとしての関わり合いを引き出していくことがポイントです。

もっと楽しくなるように（第5時～第7時）

1　準備運動
 ・軽快な音楽にのって、楽しく体を動かす。怪我の予防のため、補助運動として足首はしっかりやっておく。

2　ゲーム1：しっぽとり鬼（チーム対抗）
 ・単元前半と同じ規則で、「友達と協力した動きを使ってゲームを楽しむ」ことをねらいとする。「友達と協力した動き」には、「2人で相手チームの1人を追いかけたり、前と後ろから挟んだりする動き」などがある（ゲーム2のコートを使用）。

3　今日のねらいの確認

> ボール（宝）を運ぶために、友達とどんな動きをすればいいのかな？

POINT!!
子供たちからよい動きを引き出します。

 ・前時を振り返り、本時で学習する内容を確認する。
 ・「相手チームが迷うような動き」を取り上げる。
 ・子供が見付けた動き（例）：スタートゾーンの並び方（密集・広がる、縦に・横に）や守りの前での動き（集まってから広がる、広がってから集まる、クロスの動き）。
 ・得点をするための攻め方を教師が例示してもよい。

4　ゲーム2：宝運び鬼（攻め3人対守り2人・ボール1人1つ）〈前半〉

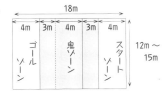

 ・コートは2面で、チーム対抗で行う（右図参照。宝取り鬼と同じコートを使用）。
 ・攻めるスペースを確保するために、ゲームの人数は、攻めの人数が守りよりも多い「攻め3人対守り2人」とする。
 ・攻撃のたびに作戦タイムを設け、ゲーム中の役割を確認してからスタートする。

5　ゲームの振り返り・チームでの話合い
 ・ゲーム〈前半〉を振り返り、うまくいった動きを確認するとともに、どうすればもっとうまくできるかをチームで話し合う。

6　ゲーム2：宝運び鬼（攻め3人対守り2人・ボール1人1つ）〈後半〉
 ・子供たちのよい動きに対して称賛したり、ボールが運べないチームに対して助言をしたりする。

7　まとめ
 ・子供が見付けた友達のよい動きを紹介したり、試したりしながら、学習の振り返りをする。

勝負時間の進め方

2時間目　多くの成功体験で子供の心をわしづかみ	
子供の活動	よい授業のためのポイント
○整列 **1　準備運動** ・軽快な音楽にのって楽しく体を動かす。	・けがの頻度が高いので、特に手首・足首の準備運動をしっかりやっておきます。
2　ゲーム１のねらいの確認 　逃げたり、追いかけたりする動きをしながら、ゲームを楽しもう！	・このゲームで何を頑張るのかをはっきりさせます。
3　ゲーム１：しっぽとり鬼（全員対抗） 〈規則〉 ・コートを自由に動き周り、腰に付けたタグを取り合う。 ・自分のタグが取られても、相手のタグを取りにいくことができる。 ・制限時間内（20～30秒）に取ったタグの本数を個人やチームで競う。本数を数えたらタグを本人に返す。	・コートは２面で、２チームずつ入ります。 ・ゲーム前にタグの付け方、取り方を確認します。特に、取られないようにタグを手で押さえないことを強調して伝えます。 ・ぶつからないように、周りをよく見て動くように声をかけます。
4　ゲーム２：宝取り鬼 **（攻め４人対守り４人・ボール１人１つ）〈前半〉** 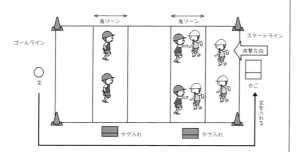 〈規則（得点の付け方を含む）〉p.164参照 ・ゲーム前は挨拶し、円陣を組む。 ・ゲーム（２分間で交代）。 ・決まった場所で応援を行う。 ・ゲーム後は挨拶し、相手チームと握手をする。	・コートは２面で、チーム対抗で行います。 ・すぐにゲームを始められるように「どこで・どのチーム」が対戦し、「先に攻めるチーム」を伝えます。 ・守りがいないところを見付けて素早く動いている子を称賛します。 ・うまく通り抜けられない子供がいたら、「守りがいないスキをつく」などの具体的な助言をします。 ・ここで、「関心・意欲・態度」について評価します。鬼遊びに進んで取り組もうとしていたらＯＫです。

5　ゲーム2のねらいの確認 　　宝を取るために、どんな動きをすればいいのかな？	・ゲーム〈前半〉を振り返り、ゲームで見付けた動きを取り上げます。
6　**ゲーム2**：宝取り鬼 　（攻め4人対守り4人・ボール1人1つ）〈後半〉 〈規則〉 ・前半（ゲーム2）と同じ  〈フェイントの動き〉　〈コートの端をねらう〉  〈守りが他の人をねらっているスキをつく〉	・ゲーム〈後半〉では、①前半で見付けた動きをゲームで試してみるとともに、②前半の得点よりどれくらい多く点数を伸ばすことができるか、チームごとにチャレンジさせるとよいでしょう。 ・攻めは、守りの動きや味方の動きを把握できるようになると、スピードに乗った動きが見られるようになります。 ・攻め1人で守り1人をうまくかわせない場合は、攻め2人（味方が来るのを待つ）で協力すると、守りをかわしやすくなります。 ・子供たちのよい動きに対して称賛したり、うまく通り抜けられない子には助言します。
7　まとめ ・子供が見付けた友達のよい動きを紹介したり、試したりしながら、学習の振り返りをする。	・子供が見付けたよい動きを紹介したり、試したりしながら確認し、次時につなげます。 ・できるだけ子供たちの気付きを大切にします。 ・後片づけについても、具体的に説明をします（「誰が（チームごとに）」「何を」「どこ」に片づけるのか）。また、授業が始まる前には何をしておくのか（例：運動場に来た人からゼッケン・タグを付ける）を確認しておくと、授業をスムーズに始めることができます。

ちょっと教えて!!

Q 「宝取り鬼」の2つの鬼ゾーンは何人にすればいいですか？

A クラスの人数（チームの人数）によって、攻めと守りの人数を決めるとよいでしょう。①攻めチームが4人なら、鬼ゾーンに2人ずつ（コートの縦は12m）、②攻めが6人なら、守りは3人ずつ入ります（コートの縦は15m）。規則の工夫例として、鬼ゾーンに守りを「3人と2人」にすることもできます。

6時間目　仲間の力を結集させて、思い切り

子供の活動	よい授業のためのポイント
○整列 1　準備運動 　・軽快な音楽にのって楽しく体を動かす。 2　**ゲーム1**：しっぽとり鬼（チーム対抗）  ・規則は単元前半の「全員対抗」と同じ。 ・制限時間内に取ったタグの本数をチームで競い合う。 3　今日のねらいの確認 　ボール（宝）を運ぶために、友達とどんな動きをすればいいのかな？ 4　**ゲーム2**：宝運び鬼 　　（攻め3人対守り2人・ボール1人1つ）〈前半〉  〈規則〉p.165参照 ・ゲーム前は挨拶し、円陣を組む。 ・ゲーム（3回の攻めで攻守交代）。 ・応援は、決まった場所で行う。 ・ゲーム後は挨拶し、相手チームと握手をする。	・けがの頻度が高いので、特に手首・足首の準備運動をしっかりやっておきます。 ・コートは2面で、チーム対抗で行います。 ・チームごとに「友達と協力した動き」を話し合ってもよいでしょう。 ・「友達と協力した動き（2人で相手チームの1人を追いかけたりする動き）」を称賛します。 ・前時のゲームを受けて、相手チームが迷う動きや攻め方について発問し、子供たちから意見を引き出します。 ・コートは2面で、チーム対抗で行います。 ・よい動き・よい攻め方を称賛します。 ・なかなかゴールラインにまで走り込めないチームの動きは、スタートのタイミングがバラバラで、「遅い動き」「横への動き」が多くなっていることが考えられます。「一緒に」「素早く」「縦に」動くように助言します。 ・なかなかスタートできないチームには、スタート時に「いっせーの」と声をかけて、攻める際は3人で同時に走り出すようにするとよいでしょう。

5 ゲームの振り返り・チームでの話合い	・ゲーム〈前半〉を振り返り、みんなが得点をするには、どうすればよいのかを話し合います。 ・ここで、「思考・判断」について評価します。攻め方を決めたりすることができていたらOKです。
6 　ゲーム2 ：宝運び鬼 　（攻め3人対守り2人・ボール1人1つ）〈後半〉 　〈規則〉 　・前半（ゲーム2）と同じ   　〈いちれつ作戦〉　　〈くっつき作戦〉  　〈守りの前で一斉に広がる動き〉	・スタートゾーンでの並び方の工夫や、守りの前での動きの工夫があると、ゴールできる可能性が高まります。 ・うまくゴールできたり（作戦の成功）、よい攻め方に対して教師から称賛されると、その作戦が定着します。なかには、作戦名を付けて動きを共有するチームも出てきます。 ・ゲームに出ていない人は、その間に作戦を話し合ったり、応援をしたりするようにします。
7 まとめ 　・子供が見付けた友達のよい動きを紹介したり、試したりしながら、学習の振り返りをする。	・本時のねらいに沿って学習の振り返りを行い、次時につなげます。 ・①子供たちが見付けた動きや、②ゲーム中で出てきたよい動きを教師が取り上げて、クラスで共有するとよいでしょう。

・・・

ちょっと教えて!!

Q 「宝運び鬼」で、うまく攻められません。

A 「宝運び鬼」では、攻撃のたびに作戦タイムを行います（1回目の作戦タイム→1回目攻撃→2回目の作戦タイム→2回目の攻撃→…）。ここで、ゲーム中の役割（いつ、誰が、どのように動くのか）を考えさせることが大切です。簡単な動きで構わないので、例えば、「はじめは3人くっついて、守りの前に行ったら、A君とBさんはこっち（右）に、Cさんはあっち（左）に動く」などと考えていきます。また、作戦ボードを使うと効果的です。

2年生

2年生では、こんな発展を目指そう

「みんなで、宝を手に入れよう！」

やってみよう（第1時〜第3時）

1 **準備運動**
   ・軽快な音楽にのって、楽しく体を動かす。怪我の予防のため、補助運動として足首はしっかりやっておく。

2 **ゲーム1**：じゃんけんしっぽとり鬼 1対1（自陣に戻る）
   ・タグの付け方・取り方を確認した上でゲームを行う。
   〈規則〉
   ・自陣のゴールラインをスタート地点とし、互いにセンターラインに向かって走る。センターラインを挟んで向かい合い、握手をして（2人の距離を一定にする）、じゃんけんをする。勝った方は、タグを取られずに自陣ゴールラインを越えれば1点。
   ・負けた方は、勝った方にゴールラインを越えられる前に、相手のタグを取るか、相手をサイドラインから追い出せば1点（ゲーム2のコートを使用。1面につき2か所）。

   > **POINT!!**
   > じゃんけんで勝ったらすぐに走り出します。

3 **今日のねらいの確認**
   > ボール（宝）を運ぶために、どんな攻め方をすればいいのかな？

   ・1年生のときの内容を取り上げ、復習をするとともに、2年生ではチームのメンバーが異なることから、そのチームに合った攻め方を見付けられるようにする。ゲーム中の役割を決められるようにする。

4 **ゲーム2**：宝運び鬼（攻め3人対守り2人・ボール1人1つ）〈前半〉
   ・コートは2面で、チーム対抗で行う。
   ・攻撃のたびに作戦タイムを設け、ゲーム中の役割を確認してからスタートする。
   ・ゲーム〈前半〉を振り返り、うまくいった攻め方を確認するとともに、どうすればもっとうまくできるかをチームで話し合う。

5 **ゲーム2**：宝運び鬼（攻め3人対守り2人・ボール1人1つ）〈後半〉
   ・子供たちのよい動きに対して称賛したり、ボールが運べないチームに対して助言をする。

6 **まとめ**
   ・子供が見付けた友達のよい動きを紹介したり、試したりしながら、学習のまとめを行う。

ちょっと教えて!!

Q 「宝運び鬼」の規則の工夫にはどんなものがありますか？

A ボールの数の工夫（ボール1人1つ／チームで1つ）の他に、①コートの大きさの工夫（横幅を広く／狭く）、②ゲームの人数の工夫（攻め4人対守り3人、攻め3人対守り3人）などがあります。

▶ 2年生での押さえどころ

特に単元後半のゲーム2「宝運び鬼」では、ボールがチームで1つになることから、攻め方の工夫が求められます。ボールを隠したり、1つのボールをみんなでもったり、守りを迷わす動きを使いながら攻め方を工夫していきます。成功したときの大きな達成感を味わえるように、ゲーム中の役割を明確にすることがポイントです。

もっと楽しくなるように（第4時～第6時）

1 **準備運動**
   - 軽快な音楽にのって、楽しく体を動かす。怪我の予防のため、補助運動として足首はしっかりやっておく。

2 **ゲーム1**：じゃんけんしっぽとり鬼1対1（通り抜ける）
   〈規則〉
   - 勝った方は、前にいる相手をかわして向こう側の相手ゴールラインを目指す。その他は、単元前半の「自陣に戻る」と同じ。

POINT!!
相手をかわす動きをうまく使って逃げます。

3 **今日のねらいの確認**

   | ボール（宝）をもっている人がゴールするには、どんな攻め方をすればいいのかな？ |

   - 前時を振り返り、本時で学習する内容を確認する。
   - 「ボールをもっている人がゴールするには」「ボールをもっている人をわからないようにするには」など、どのような攻め方をすればよいのかを取り上げる。
   - 子供たちが見付けた作戦（例）：「ボールかくし作戦」「いちれつ作戦」「みんなでボール作戦」（作戦例はp.165参照）。教師が「得点をするための攻め方」を例示してもよい。

4 **ゲーム2**：宝運び鬼（攻め3人対守り2人・チームでボール1つ）〈前半〉
   - コートは2面で、チーム対抗で行う（規則の詳細はp.165参照）。
   - 攻撃のたびに作戦タイムを設け、ゲーム中の役割を確認してからスタートする。
   - ゲーム〈前半〉を振り返り、うまくいった攻め方を確認するとともに、どうすればもっとうまくできるかをチームで話し合う。

5 **ゲーム2**：宝運び鬼（攻め3人対守り2人・チームでボール1つ）〈後半〉
   - 子供たちのよい動きに対して称賛したり、ボールが運べないチームに対して助言をする。

6 **まとめ**
   - 子供が見付けた友達のよい動きを紹介したり、試したりしながら、チームで攻め方を決めることができたかを確認する。

ちょっと教えて!!

Q 低学年のゲームの規則で気を付ける点はどんなことですか。

A 低学年の子供は、「自分のおかげで味方がゴールできた」という喜びよりも、「自分がゴールできた」と個人の達成感を優先する傾向があるので、全員が「得点できる」規則を設定するとよいでしょう。

CHECK!! これを知っておくと便利

▶ タグの「付け方」「取り方」はしっかり押さえよう

〈タグの付け方〉
・タグは、体の横に付けます（「気を付け」をしたときの手の位置あたり）。
・ベルトは、ゼッケンの上から巻き、ベルトの余りはズボンに入れるか、ベルトに巻き付けるようにします。

〈タグの取り方〉
・正面からではなく、横から取りにいくことが効果的です。

▶ 「宝取り鬼（攻め 4 人対守り 4 人）」の規則を押さえよう

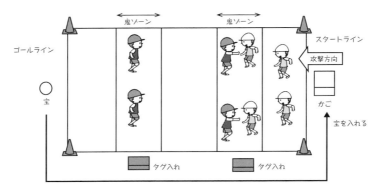

〈規則〉
・攻めチームは 4 人（または 6 人）で、スタートラインからスタートして、守り（鬼）にタグを取られないように鬼ゾーンを通り抜け、ゴールラインを目指します。タグが 1 本以上残っていれば、お手玉の「宝」を 1 つ取ることができます。「宝」を取ったら、コートの外を回ってスタートラインに戻り、「宝入れのかご」に入れて、再スタートします。
・途中でタグを 2 本とも取られた場合には、その場でコートの外に出ます。そして、「タグ入れ」にあるタグを付けて、再びスタートラインからスタートします。
・守りは、鬼ゾーンに 2 人（または、3 人）ずつ入り、鬼ゾーンの中でのみ動くことができます。守りは、攻めのタグを 1 本取ったら、「タグ入れ」にもっていきます（タグをもったまま、2 本目のタグを取ることはできません）。
・制限時間内（2 分間で攻守交代）に取った「宝の数」をチームごとに加算し、競い合います。
・ゲームに出ない人がいる場合には、「宝を渡す係（ゴールライン）」「タグ係（守りが取ったタグを受け取り、取られた本人に渡す）」をするとよいでしょう。

〈規則の工夫例〉
・得点の工夫：宝を入れるかごを 2 種類用意し、宝を取ったときに、タグが 2 本残っていれば「3 点のかご」へ、1 本残っていたら「1 点かご」へ入れます。

▶「宝運び鬼（攻め３人対守り２人・ボール１人１つ）」の規則と作戦例を押さえよう

〈規則〉
- 攻めの３人全員が１つずつ「ボール（宝）」をもってスタートゾーンからスタートし、守りにタグを取られないようにゴールラインを目指します。タグを１本も取られずにゴールラインを越えれば、１人につき１点となります（１回の攻めで最大３点）。また、途中でボールを落とした場合は０点となります。
- 守りは鬼ゾーンに２人入り、攻めのタグを取ります。
- ３回の攻めで攻守交代し、得点を競い合います。

〈子供たちが見付けた作戦例〉

▶「宝運び鬼（攻め３人対守り２人・チームでボール１つ）」の規則と作戦例を押さえよう

〈規則〉
- 攻めの３人のうち、１人だけが「ボール（宝）」をもち、残りの２人はボールをもたずに、スタートゾーンからスタートします。
- ボールをもっている人が、ゴールラインを越えれば３点、ボールをもっていない人が越えれば１点となります（最大５点）。
- 守りは誰のタグを取っても構いません。
- ゲームに出ていない人は、誰がボールをもっているのかを言ってはいけません。
- ３回の攻めで攻守交代し、得点を競い合います。

〈子供たちが見付けた作戦例：スタートゾーンでの並び方〉

〈ボールかくし作戦〉　　〈いちれつ作戦〉　　〈みんなでボール作戦〉

9 ゲーム

単元の目標

- **技能**：ボールゲームでは、簡単なボール操作やボールをもたないときの動きによって、的に当てるゲームや攻めと守りのあるゲームをできるようにする。
- **態度**：運動に進んで取り組み、きまりを守り仲よく運動をしたり、勝敗を受け入れたり、場の安全に気を付けたりすることができるようにする。
- **思考・判断**：簡単な規則を工夫したり、攻め方を決めたりすることができるようにする。

単元のこだわり

　この単元は、たくさんボールに触れられるように個人で競う、簡単なボール操作の「ボール遊び」から、グループで競う、簡単な規則で行われる「ボール投げゲーム」へと発展させます。

　「ボール投げゲーム」では、規則を工夫したり簡単な作戦を立てたりしながら、ボールを投げる「的当てゲーム」や、それを発展させた「シュートゲーム」をします。これらのゲームを通して、ねらったところや強いボールが投げられるようにするとともに、的に当てるための攻め方を見付けたり、守り方を考えたりしてゲームを楽しみます。

　子供たちがボール遊びを十分に楽しめるように、簡単なボール操作で何度も続けて取り組めるとともに、失敗しても何度でもチャレンジできるようなゲームの工夫が重要です。

用意するもの

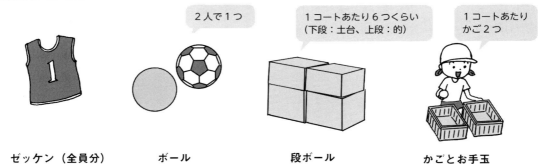

ゼッケン（全員分）　　ボール　　段ボール　　かごとお手玉

〈その他〉
- ○作戦ボード（ミニホワイトボードや作戦用紙）をチームに1セットずつ、チームのカゴなどに用意しておくと、チームでの話合いがスムーズです。
- ○的当て遊びは、「的」「ステップリング（足を踏み出して投げられるように）」「ライン（的からの距離がわかるように）」があるとよいでしょう。

ボール投げゲームの授業をつくろう

授業イメージ

的当て遊び　　ゲーム前・後の挨拶　　ゲーム前の円陣　　チームでの話合い

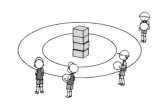 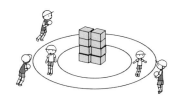

的当てゲーム　　　　　　　　　　シュートゲーム
（攻め4人のみ・ボール1人1つ）　（攻め3人対守り2人・ボール1人1つ）

授業づくり上達への道

〈ボールにたくさん触れる経験を〉

　ボールにたくさん触れられるように、準備運動の後に2人1組でのボール慣れを行いましょう。

●ボールキャッチ

　ボールを自分で投げ上げ、キャッチします。
①頭の上の高さ
②もっと高くした高さ

●バウンドキャッチ

　両手や片手（右手・左手）でボールをバウンドさせて（ボールをついて）、キャッチします。
①1回ついてキャッチ
②2回ついてキャッチ
③3回ついてキャッチ

〈ゲームをスムーズに行うために〉

　「チームの人数」は4～6人とします（例えば、4人×8チーム。そのうち、2チームずつを合同チームにすることもできます）。

　チームが決まったら、チームごとに「ゼッケンの番号」と「役割」（例えば、「1：リーダー」「2：記録係」「3：応援・用具係」「4：応援・用具係」）を決めましょう。また、ゲームの進め方においても、「ゼッケンの番号」を活用するとスムーズです。

●的当てゲーム（攻め4人のみ）の進め方

例：4人×2チーム合同の場合（ゼッケン番号1～4＋5～8）

1試合目　1～4：攻め
　　　　　5・6：ボール拾い係、7・8：得点係

2試合目　5～8：攻め
　　　　　1・2：ボール拾い係、3・4：得点係

1年生
「たくさんシュートをしよう！」

▶ 単元前半の押さえどころ

単元前半は、いろいろなボールの投げ方を見付けながら、ゲームを十分に楽しみます。投げるときのポイントをいろいろと試せるように、何度でも挑戦できるようにします。

やってみよう（第1時～第3時）

1 準備運動・ボール慣れ
   ・ボールを使って準備運動する。

2 ゲーム1：的当て遊びのねらいの確認

   | ボールの投げ方を見付けて、楽しもう！ |

   ・いろいろな投げ方（上・下から、片手・両手など）を自分で見付けて、何度もチャレンジする。

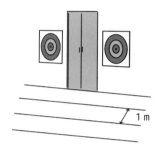

3 **ゲーム1**：的当て遊び
   ・的は8（4）か所、1つの的に1チーム（4人程度）ずつ行う。
   ・的からの距離を変えたラインを1m間隔で引き、目標となる的に3回ボールが当たったら1本後ろのラインから再び挑戦する。

4 **ゲーム2**：的当てゲーム（攻め4人のみ・ボール1人1つ）〈前半〉
   ・コートは4面（下図参照、既存のバスケットボールサークルを使用しても可）で、チーム対抗で行う。

5 ゲーム2のねらいの確認

   | どうすれば、ねらったところに投げられるかな？ |

   ・ゲーム〈前半〉を振り返り、子供たちがゲームの中で見付けた「ボールの投げ方」を取り上げる。
   ・子供が見付けた投げ方（例）：「的を見る」「上から投げる」「ビュッて投げる」

   POINT!! 子供たちから、投げるときのポイントを引き出します。

6 **ゲーム2**：的当てゲーム
   （攻め4人のみ・ボール1人1つ）〈後半〉
   ・うまく投げられたかは、的となる上の段ボール（下は土台）を落とせたかによって判断できるため、子供たちは夢中になっていろいろな投げ方を試しながら見付けていく。
   ・子供たちのよい動きに対して称賛したり、的に当てられない子供に対して助言をしたりする。

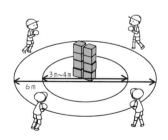

※的の上の段ボールの大きさを変えたり、向きを変えたりして配置を工夫する

7 まとめ
   ・子供が見付けた友達のよい動きを紹介したり、試したりしながら、学習の振り返りをする。

単元後半の工夫の視点

単元前半の守りがいない状況でのゲームから、単元後半は、守りがいるゲームへと発展します。子供たちは、急に動いたり、止まったりして、個人で守りとのズレをつくる動きに加えて、チームの仲間と連係した動きを見付けていきます。的にボールをうまく当てられたときの喜びや満足感は大きく、子供たちの動きのアイデアを引き出し、クラス全体で共有することがポイントです。

・・

もっと楽しくなるように（第4時〜第6時）

1 準備運動・ボール慣れ
　・ボールを使って準備運動する。

2 ゲーム1：的当て遊び
　・段ボールの的を使用する（的当てゲームに使用したもの）。
　・1つの的に1チーム（4人程度）ずつ行い、上の段ボールが落ちたら、みんなで積み上げ、再び挑戦する。段ボールが2回落ちたら、1本後ろのラインから行う。
　・いっそう楽しくなるように、「強くボールを投げたり、ねらったところにボールを投げたりできるようにする」ことをねらいとする。

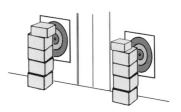

3 今日のねらいの確認
　| どうすれば、守りがいるときにシュートが打てるかな？ |

　・前時を振り返り、本時で学習する内容を確認する。
　・「守りがいないところでシュートする動き」や「守りとズレをつくる動き」を取り上げる。

POINT!!
シュートしやすい場所や攻め方を確認します。

　・子供が見付けた動き（例）：「（ボールをもって）守りがいないところに動いてシュート」「味方が守りを引きつけたスキにシュート」（p.173参照）。
　・教師が「よい動き」を例示する。

4 ゲーム2：シュートゲーム
　（攻め3人対守り2人・ボール1人1つ）〈前半〉
　・コートは4面（単元前半の「的当てゲーム」と同じコートを使用）で、チーム対抗で行う。
　・得点が入りやすいように、攻めの人数を守りよりも1人多い「攻め3人対守り2人」とする。

5 ゲームの振り返り・チームでの話合い
　・ゲーム〈前半〉を振り返り、うまくいった動きを確認するとともに、どうすればもっとうまくできるかをチームで話し合う。

6 ゲーム2：シュートゲーム（攻め3人対守り2人・ボール1人1つ）〈後半〉
　・子供たちのよい動きを称賛したり、なかなかシュートができないチームに対して助言したりする。

7 まとめ
　・子供が見付けた友達のよい動きを紹介したり、試したりしながら、学習の振り返りをする。

勝負時間の進め方

2時間目　ボールと多く触れ合うことが上達のカギ！	
子供の活動	よい授業のためのポイント
○整列 1　準備運動・ボール慣れ 　・ボールキャッチ 　・バウンドキャッチ	・特に手首・足首の準備運動をしっかりやっておきます。 ・ボールは、ゼッケン番号や列を使って指示を出し、順番に取りにいくようにします。 ・ボールキャッチでは、前方ではなく、真上に投げ上げると、キャッチしやすくなります。
2　ゲーム1のねらいの確認 　ボールの投げ方を見付けて、楽しもう！	・このゲームで何を頑張るのかをはっきりさせます。
3　ゲーム1：的当て遊び 〈規則〉 的からの距離を変えたラインを1m間隔で引き、目標となる的に3回ボールが当たったら1本後ろのラインから再び挑戦する。 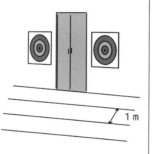	・的は8（4）か所、1つの的に1チーム（4人程度）ずつ行います。2チームの合同の場合は、1チームずつ、2回に分けて行います。 ・足を踏み出して投げられるように「ステップリング」を使うと効果的です。 ・「5回中3回当たったら」「2回連続で当たったら」など、条件を決め、1本後ろのラインから投げることに挑戦してもよいでしょう。 ・うまく投げられるようになってきたら、的を小さくしたり、的を二重（三重）の円にして中心円をねらうようにするとよいでしょう。
4　ゲーム2：的当てゲーム 　（攻め4人のみ・ボール1人1つ）〈前半〉 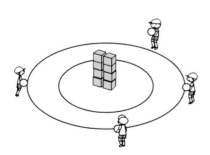 〈規則〉p.176参照 ・ゲーム前は挨拶し、円陣を組む。 ・ゲーム（2分間）。 ・ゲーム後に再度挨拶し、相手チームと握手をする。	・コートは4面で、チーム対抗で行います。 ・すぐにゲームを始められるように「どこで・どのチーム」が行い、「ボール拾い」「得点」はゼッケン何番が担当するかを確認します。 ・投げるときに外の円のラインから大きく出ないようにします。 ・うまく投げられている子を称賛します。 ・うまく投げられない子には、具体的な助言をします。例えば、「（投げる方の手と反対の）足を一歩踏み出して投げよう」「大きく腕を振って投げてごらん」。 ・ここで、「関心・意欲・態度」について評価します。的当てゲームに進んで取り組もうとしていたらOKです。

5　ゲーム2のねらいの確認 　　どうすれば、ねらったところに投げられるかな？	・ゲーム〈前半〉を振り返り、ゲームで見付けた動きを取り上げます。 ・投げ方のポイントをイラストや静止画に書き込み、いつでも確認できるようにするとよいでしょう。
6　ゲーム2：的当てゲーム 　　（攻め4人のみ・ボール1人1つ）〈後半〉 　〈規則〉 　・前半（ゲーム1）と同じ。 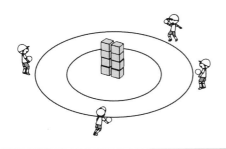	・ゲーム〈後半〉では、①見付けた動きをゲームで試してみるとともに、②〈前半〉の得点よりどれくらい多く点数を伸ばすことができるか、チームごとにチャレンジさせるとよいでしょう。 ・子供たちのよい動きに対して称賛します。例えば、「足を前に踏み出しているところがいいよ」「腕を大きく振れているよ」。
7　まとめ 　・子供が見付けた友達のよい動きを紹介したり、試したりしながら、学習の振り返りをする。	・本時のねらいで取り上げた「ボールの投げ方のポイント」について、ゲームの中で「試せたかな？」「試してどうだったかな？」「新たに見付けたポイントはあるかな（自分の動き、友達の動き）？」など問いかけながら、学習の振り返りを行い、次時につなげます。

ちょっと教えて!!

Q ボールはどんなものがいいですか？

A 当たっても痛くなく、片手でもてる「小さめの柔らかいボール」を使うとよいでしょう。スポンジ製のボールもあります。また、「ボール慣れ」や「的当て遊び」では、大きさの異なるボールや「ロケットボール」を使ってもよいでしょう。

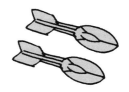

ロケットボール

5時間目　多くの気付きで、できる喜びを！

子供の活動	よい授業のためのポイント
○整列 1　準備運動・ボール慣れ 　・ボールキャッチ 　・バウンドキャッチ 2　ゲーム1：的当て遊び 〈規則〉 的が落ちたら、みんなで積み上げ、再び挑戦する。段ボールが2回落ちたら、1本後ろのラインから行う。  3　今日のねらいの確認 　どうすれば、守りがいないところからシュートが打てるかな？ 4　ゲーム2：シュートゲーム （攻め3人対守り2人・ボール1人1つ）〈前半〉 〈規則〉p.176参照 ・ゲーム前は挨拶し、円陣を組む。 ・ゲーム（2分間で攻守交代）。 ・ゲーム後は挨拶し、相手チームと握手をする。 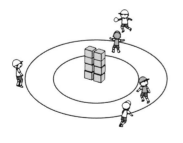	・特に手首・足首の準備運動をしっかりやっておきます。 ・バウンドの高さは、腰あたりを目安とします。その位置でキャッチできれば、2回、3回と続けやすくなります。 ・的は8（4）か所、1つの的に1チーム（4人程度）ずつ行います。 ・ボールに慣れてきたら、高さ、強さ、目標とする回数（例：2回連続）を変えたりして十分に楽しみます。 ・うまく投げられない子供には、投げ方についての具体的な助言をします。 ・前時のゲームを受けて、「守りがいないところでシュートする動き」や「守りとズレをつくる動き」を子供たちから引き出します。 ・コートは4面で、チーム対抗で行います。 ・よい動きを称賛します。 ・円の周りを走りながらシュートする場合、遠心力等で的になかなか当たらないときには、シュート前にスピードを緩めたり、止まってシュートするようにします。 ・守りがいて、うまくシュートができない子供には、自分の動きでマークを外すだけではなく、「味方が動いて守りを引きつれているスキ」「味方に気を取られているスキ」をねらうように助言をします。

5　ゲームの振り返り・チームでの話合い	・ゲーム〈前半〉を振り返り、どうすればもっとうまくできるかを話し合います。
6　 ゲーム2 ：シュートゲーム 　　（攻め3人対守り2人・ボール1人1つ）〈後半〉 　　〈規則〉 　　・前半（ゲーム1）と同じ。 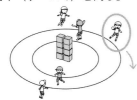 〈守りがいないところへ動いてシュート〉 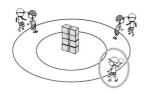 〈味方が守りを引きつけたスキにシュート〉  〈急に動いたり、止まったりしてシュート〉	・ゲーム〈後半〉では、①見付けた動きをゲームで試してみるとともに、②〈前半〉の得点よりどれくらい多く点数を伸ばすことができるか、その点数の伸びをチームごとにチャレンジさせるとよいでしょう。 ・ここで、「技能」について評価します。「守りがいないところでシュートするための動き」ができていたらOKです。
7　まとめ 　　・子供が見付けた友達のよい動きを紹介したり、試したりしながら、学習の振り返りをする。	・本時のねらいに沿って学習の振り返りを行い、次時につなげます。 ・動きの具体的なイメージを共有するために、①子供たちが見付けた動きや、②ゲーム中で出現したよい動きを、教師が取り上げて演示してもよいでしょう。

ちょっと教えて!!

Q　「シュートゲーム」でなかなか段ボールが落とせません。どうすればいいですか？

A　ゲームの様子を見て、ゲームの人数を変えるとよいでしょう。この場合には、攻めを3人から4人に増やすとシュートしやすくなります（攻め4人対守り2人）。あるいは、コートの大きさや形を工夫するとよいでしょう。

2年生

2年生では、こんな発展を目指そう

「守りのいないスキにシュートをしよう！」

やってみよう（第1時〜第3時）

1　準備運動・ボール慣れ
　〈ボールキャッチ〉
　・ボールを自分で投げ上げ、キャッチする。慣れてきたら、キャッチする間に拍手を何回できるかに挑戦する。
　〈バウンドキャッチ〉
　・両手や片手でボールを強くバウンドさせて、キャッチします。慣れてきたら、2人で対面パス（投げる─捕る）をする。

2　ゲーム1：的当て遊び
　・的は8（4）か所、1つの的に1チーム（4人程度）ずつ行う。
　・2チームの合同チームの場合は、1チームずつ、2回に分けて行う。

3　今日のねらいの確認
　　守りがいるときに、どうすればシュートが打てるかな？
　・1年生のときの内容を取り上げ、復習をするとともに、2年生ではチームのメンバーが異なることから、そのチームで攻め方を見付けられるようにする。

POINT!!
子供たちから、攻め方のポイントを引き出します。

4　ゲーム2：シュートゲーム
　（攻め3人対守り2人・ボール1人1つ）〈前半〉
　・コートは4面で、チーム対抗で行う。

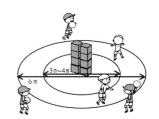

5　ゲームの振り返り・チームでの話合い
　・ゲーム〈前半〉を振り返り、うまくいった攻め方を確認するとともに、どうすればもっとうまくできるかをチームで話し合う。

6　ゲーム2：シュートゲーム（攻め3人対守り2人・ボール1人1つ）〈後半〉
　・子供たちのよい動きに対しては称賛し、なかなかシュートができない子供に対しては助言する。

7　まとめ
　・子供が見付けた友達のよい動きを紹介したり、試したりしながら確認し、学習のまとめをする。

ちょっと教えて!!

Q 「シュートゲーム」のコートの大きさ（円の直径）はどれくらいですか？

A 単元後半のシュートゲームでは、パスを使ったゲームへ発展することから、円の直径は、子供たちが投げられる距離（みんなが届く距離）を参考に設定するとよいでしょう。少しずつ大きくすることも考えられます。

2年生での押さえどころ

単元前半は1年生のときの内容を取り上げ、復習をします。後半は、「チームでボールが1つのゲーム」へと発展します。これまでに身に付けた投げ方や攻め方を使いながら、守りのいないところへ動いたり、パスを受けた後に素早くシュートしたりするなど、攻めやすい場所や攻め方を工夫していきます。達成感を味わえるように、よりよい動きを引き出していくことがポイントです。

もっと楽しくなるように（第4時〜第6時）

1 準備運動・ボール慣れ（ボールキャッチ、バウンドキャッチなど）
2 ゲーム1：的当て遊び
 ・単元前半と同じ規則で、一層楽しくなるように、「強くボールを投げたり、ねらったところにボールを投げたりできるようにする」ことをねらいとする。

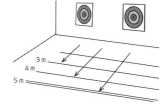

3 今日のねらいの確認

　守りがいるときに、どうすればシュートが打てるかな？

 ・前時を振り返り、本時で学習する内容を確認する。
 ・「どこから投げるとシュートしやすいのか」「どこに移動したらシュートしやすいのか」など、攻めやすい場所や攻め方を取り上げる。
 ・子供たちが見付けた動き。
　（例）：「守りのいない味方へパス→素早くシュート」「ボールをもちながら走る→守りのいない味方に走ったまま手渡しパス→（守りは走っている人についてくる）その間にシュート）」
 ・教師がシュートするための動きを例示してもよい。
4 ゲーム2：シュートゲーム（攻め3人対守り2人・チームでボール1つ）〈前半〉
 ・コートは4面で、チーム対抗で行う（単元前半のゲーム2のコートを使用）。
5 ゲームの振り返り・チームでの話合い
 ・ゲーム〈前半〉を振り返り、うまくいった攻め方を確認するとともに、どうすればもっとうまくできるかをチームで話し合う。

POINT!!
作戦ボードを使って、攻め方をチームで共有します。

6 ゲーム2：シュートゲーム
 （攻め3人対守り2人・チームでボール1つ）〈後半〉
 ・子供たちのよい動きに対して称賛したり、なかなかシュートができないチームに対して助言したりする。
7 まとめ
 ・子供が見付けた友達のよい動きを紹介したり、試したりしながら、チームで攻め方を決めることができたかを確認する。

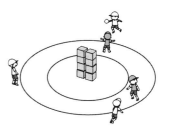

ちょっと教えて!!

Q ねらったところや強いボールが投げられるようにするにはどうすればよいですか？

A 「的当て遊び」では、足を踏み出して投げられるように「ステップリング」（足を踏み出す目印）を使うとよいでしょう。慣れてきたら、的からの距離を変えたり（例：的からの距離が3m、4m、5mのところに赤、青、白のラインテープを付ける）、的の大きさによって得点を付けたりするとよいでしょう。

CHECK!! これを知っておくと便利

▶ ボールの投げ方をしっかり押さえよう

〈子供たちが見付けたよい動きの例〉
・右図を参照。

〈よい投げ方〉

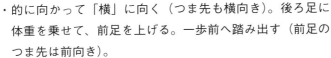

・的に向かって「横」に向く（つま先も横向き）。後ろ足に体重を乗せて、前足を上げる。一歩前へ踏み出す（前足のつま先は前向き）。

▶ 「的当てゲーム（攻め4人のみ・ボール1人1つ）」の規則を押さえよう

〈規則〉
・コートは、2つの円（外側の円・内側の円）を書き、その中に的となる段ボール箱を配置します。
・攻め4人全員が1つずつボールをもち、外側の円から投げます（守りなし）。
・上の段ボールが落ちたら1点とし、多く得点をしたチームの勝ちとなります。段ボールが落ちたら、みんなで積み上げ、ゲームを再開します。
・ゲームに出ない人は、得点係やボールが他のコートに転がらないようにボールを拾う係をします。

▶ 「ボール投げゲーム（攻め3人対守り2人・ボール1人1つ）」の規則とよい動きの例を押さえよう

〈規則〉
・攻めの3人全員が1つずつボールをもち、守りがいないところまでボールをもって動いたりしながら、外側の円からシュートします。
・守りは2人で、外側と内側の円の間を動き、ボールを的に当てられないように守ります。
・その他は、「的当てゲーム（攻め4人のみ・ボール1人1つ）」と同じ。

〈よい動きの例〉

〈子供たちが見付けたよい動きの例（下図）〉
　①守りのいないところへ動いてシュート。
　②味方が守りを引き付けたスキにシュート。
　③急に動いたり、止まったりしてシュート。
　④動くふりや投げるふりをしてシュート。
　⑤（守りがくる前に）素早くシュート。

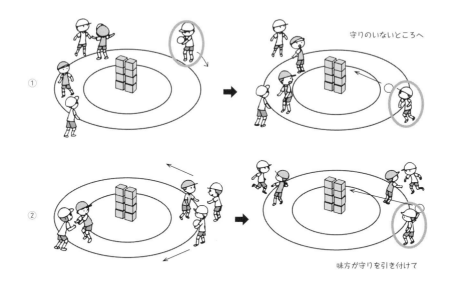

▶「シュートゲーム（攻め3人対守り2人・チームでボール1つ）」の規則と作戦例を押さえよう

〈規則〉
・攻めは3人で、ゲーム全体でボールは1つ。守りがいないところに動いて、外側の円からシュートします。その他は、「ボール投げゲーム（攻め3人対守り2人・ボール1人1つ）」と同じ。

〈規則の工夫〉
・コートの工夫（円の大きさやコートの形）やゲームの人数の工夫などがあります。

〈子供たちが見付けたよい動き〉
①ボールをもちながら、守りのいない味方の方に走る→味方へ手渡しパス→（守りは走っている人についてくるから）そのスキにシュート
②守りのいない味方へパス→シュート
③守りのいない味方は、手を挙げたり、声で呼んだりして合図する

〈子供たちが見付けた作戦〉

①守りのいない味方の方に走る　　②味方へ手渡しパス　　③反対側の守りのいない味方へパス

9　ゲーム　177

10　ゲーム

単元の目標

- **技能**：簡単なボール操作やボールをもたないときの動きによって、攻めと守りのあるゲームをすることができるようにする。
- **態度**：運動に進んで取り組み、きまりを守り仲よく運動をしたり、勝敗を受け入れたり、場の安全に気を付けたりすることができるようにする。
- **思考・判断**：簡単な規則を工夫したり、攻め方を決めたりすることができるようにする。

単元のこだわり

　中学年以降のネット型ゲームにつながる教材として、コロコロボールとフワフワボールを紹介します。コロコロゲームは、集団での戦術的な攻撃（三段攻撃のような）は難しいため、1人で相手コートに転がすことから、2人で転がすことに発展していくような教材です。また、フワフワボールは、ネットを挟んだ相手にボールを落とさずに返すことや、空中にあるボールを打って返すことをねらいとします。ボールは、風船やビーチボールに変えてゲームを実施します。

　ここでは、楽しくゲームをしながら低学年のうちに習得させたい「投げる」「捕る」などの動作が多く経験できるようなゲームづくりを心がけます。

用意するもの

○**コロコロボール**（ボール：ゴム製のソフトバレーボール）

　コートの大きさは、バドミントンコートの約半分の大きさで十分です。ネットは、高さ50cm程度で、2ℓペットボトルに水か砂を入れ、フタ部分にネット代わりのゴムを括り付けて簡易ネットを作成します。ボールは、少しの力でも遠くに飛ぶゴム製の弾力のあるボールが望ましいです。

○**フワフワボール**（ボール：風船やビーチバレーボール）

　ネットは低学年の子供がジャンプをせずに、ボールを弾いて相手コートに返すことのできる高さ（1m程度）がよいでしょう。ボールはなるべく軽くて滞空時間が長くなるものが望ましいです。

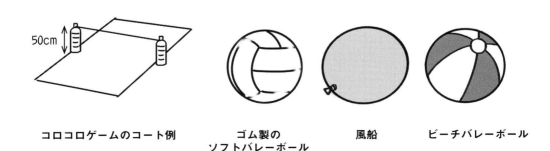

コロコロゲームのコート例　　ゴム製の　　　　　風船　　　ビーチバレーボール
　　　　　　　　　　　　ソフトバレーボール

ネット型につながるゲームの授業をつくろう

授業イメージ

〈コロコロサーキットの場〉

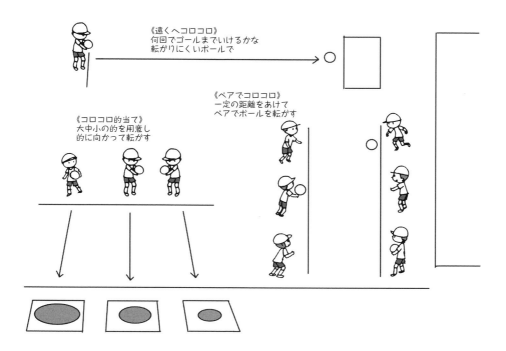

授業づくり上達への道

〈導入が勝負どころ〉

○コロコロゲームのサーキット

・ボール慣れの運動遊びを中心に
  （コロコロボールを例に）

①コロコロ的当て：体育館の壁に半径1mほどの的を置き、そこへねらって転がす。

②遠くへコロコロ：転がりにくいボールを使って、遠くへ転がすことのできる腕ふりを意識する。

③ペアとコロコロ：相手との空間の調整や使い方を意識しながら、ボールを転がし合う。

〈ルールの確認を徹底〉

　ボールゲームでは、技能の習得の時間が、単調にならないように、遊びながら効率的に動作を習得できるようにすることが大切です。そのため、3～4か所の活動の場を同時展開でサーキットのように巡り、繰り返しボール慣れの運動を楽しく行うサーキットを取り入れると、多様な予備的運動をたくさん経験できます。単元を通してじっくりと行うとよいでしょう。

1年生

「コロコロボール」

▶ 単元前半の押さえどころ

技能面では、ねらったところにボールを転がすこと、態度面では、ボールゲームに進んで取り組むこと、ゲームのルールを守って仲よく運動すること、以上の3つを目指します。

やってみよう（第1時～第3時）

1　準備運動
　○コロコロサーキット
　①コロコロ的当て
　　的に向かってボールを転がす。
　②遠くへコロコロ
　　遠くの的へ向けてボールを転がす。転がりにくいボールを使うとよい。
　　長い距離を数回に分けて、ゴルフのように。
　③ペアとコロコロ
　　ペアと2～3mの距離を空け、ネットを挟まずにボールを転がし合う。

> **POINT!!**
> 音楽をかけて、運動時間と移動時間を分ければ、子供たちは自然と動きます。わくわくする運動をたっぷり行いましょう。

> **POINT!!**
> 全てのコロコロサーキットでは、単元前半では、ボールをもった状態から転がします。

2　今日のねらいの確認
　ねらったところにボールを投げよう。

3　学習1：コロコロラリー①
　○ペアで1対1のラリーゲーム
　〈規則〉
　・ペアでネットを挟んで1対1。
　・コートのアタックライン（点線）より後ろからボールを転がす。
　・ペアの子はボールをキャッチし、キャッチしたボールをペアの子に転がし返す。
　・時間を決めて行い、何回ラリーが続いたかを他のペアと競う。
　・ボールをキャッチできなかったり、コート外に転がしてしまったら、失敗となる。
　※コートは屋外、屋内でも可。全員が一度に行えるように数多く設置する。ネットは、コーンとゴムで簡易ネットを使用する（コートの広さは、縦3m、横2m程度。子供の実態に合わせて修正する）（P.178参照）。

> **POINT!!**
> はじめから打つのは難しいので、単元前半は投げて転がす動作から始めます。ここで、「できそうだ」という思いを引き出します。

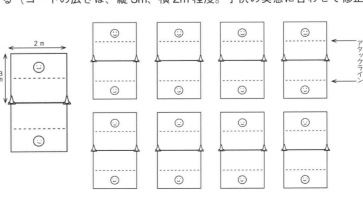

4 途中で確認

「ねらったところに転がすには、どうすればいいかな?」

→ペアのいるところに向かって(おへそを向けて)転がす。

→腕を後ろに大きく振って転がす。

5 学習2 :コロコロラリー②

○ネットを挟んで2対2のラリーゲーム

〈規則〉

- 1対1の発展ゲームで、2対2で行う。
- 「キャッチして転がす」を繰り返し、相手チームとラリーを続ける。
- 1回で相手コートに返す(テニス形式)。
- コートは1対1のゲームより少し大きめのコートにする(縦4m、横3m程度)。
- 時間を決めて行い、何回ラリーが続いたかを他のチームと競う。

POINT!!
ラリーを続けるゲームなので、相手がいる場所に転がすことが課題となります。

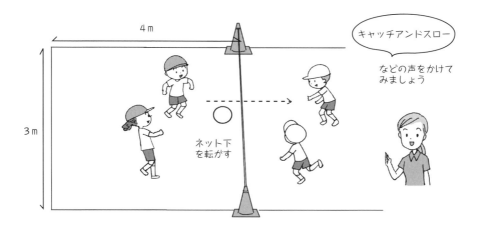

キャッチアンドスロー
などの声をかけてみましょう

ネット下を転がす

6 まとめ

○ラリーが最も続いたペアを紹介し、みんなの前でやってもらう。

「ねらったところへボールを転がすことができたかな?」

「どうしたらラリーが続いたかな?」

→相手がいる場所に向かってボールを転がしたらつながった。

→ボールを捕るときに、ペアの子と向かい合う(ボールの正面に入る)とボールが捕りやすかった。

ちょっと教えて!!

Q ペアやチームの決め方はどうしたらいいですか?

A 他のチームと力が同じになるようにペアを組みます。ただし、上手くいかないことを想定し、2、3ペアを1チームとし、その中で流動的にペアを変えられるようにしておくとよいでしょう。

ちょっと教えて!!

Q ラリーが続かない子供にはどのように声かけしたらいいですか?

A ボールを変えてみてください。手づくりのボールを使用するのもよいと思います。例えば、ビニール袋などに新聞紙を詰めてボールをつくることで、キャッチしやすい形状になり、子供にとって捕りやすくなるでしょう。

▶ 単元後半の工夫の視点

　技能面では、相手に得点されないようにボールを打って転がし返すこと、思考・判断面（工夫）では、ペアでの動き方を知ることを目指します。単元前半ではボールをキャッチしてスロー（転がす）だったのに対し、後半からはボールをキャッチしてからヒット（打って転がす）してゲームを楽しめるようにしましょう。

....

もっと楽しくなるように（第4時〜第6時）

1　準備運動　ドリルサーキット
　〇コロコロサーキット
　　①コロコロ的当て
　　②遠くへコロコロ
　　③ペアとコロコロ

ボールをしゃがんでキャッチ　→　ボールを置いてパーかグーで打つ

POINT!!
単元後半のコロコロサーキットなので、ボールは手のひら、またはグーにし、打って転がします（ボールを置いた状態から打つ）。

2　今日のねらいの確認
　　相手に得点されないようにしよう！　アタックを決めよう！

3　**学習1**：コロコロゲーム①
　〇ペアで1対1のゲーム
　　〈規則〉
　　・ネットを挟んでコート内に1対1で入る。
　　・ゲームのスタートは、アタックラインより後ろから、ボールを置いた状態から相手コートへボールを打つ。
　　・アタックエリア外をボールが通過したら、失敗となる。
　　・アタックエリア内を通過してボールをアタックできなかったら、相手の得点となる。
　　・時間を決めて行い、得点の多い方が勝ちとなる。

POINT!!
単元後半は相手のいない場所へ返して得点するゲームになります。

POINT!!
単元後半では、相手への返球を「アタック」とします。

4　途中で確認
　「相手に得点されないためにはどうすればいいかな？」
　　→できるだけコートの後ろの方で守る（視野を広くもつ）。
　　→ボールが転がってくるコースに入る（正面に）。

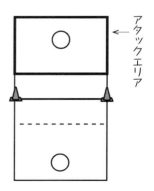
アタックエリア

Aさんはたくさんアタックを決めていたね。みんなの前でやってもらっていいかな。

アタックのポイントを皆で共有する

5 **学習2**：コロコロゲーム②
　○ネットを挟んで2対2のゲーム
　〈規則〉
　　・1対1の発展ゲームで、コロコロゲーム①と同様のルールで行う。
　　・1回で相手コートに返す（テニス形式）から、2人でつないで2回で相手コートに返す（バレー形式）に発展させてもよい。
　　・「キャッチして打つ」ができるようになったら、「キャッチせず打つ」に発展させてもよい。
　　・コートは1対1のゲームより少し大きめのコートにする（縦3m、横4m程度）。
　　・時間を決めて行い、得点の多い方が勝ちとなる。

> **POINT!!**
> ラリーを続けるゲームではないので、相手のいない場所に打つことが課題となることに気付かせます。

6 **まとめ**
　○相手に得点されないように工夫できたペアを紹介し、どんなことを工夫したか聞く。
　　「相手に得点されないために、どんなことをペアで工夫したかな？」
　　→2人で場所を決めて守った。
　　→ペアのどちらがキャッチするか、声かけした。

　○アタックをたくさん決めていた子を紹介し、みんなの前でやってもらう。
　　「どうしたらアタックが決まったかな？」
　　→アタックエリアのぎりぎりのところをねらって打った。
　　→アタックを打つときに、後ろから勢いを付けて思いきり打った。

ちょっと教えて!!

Q ボールをキャッチしないゲームのポイントは？
A 単元前半と違って後半からはキャッチしないため、少し難しくなります。はじめは、スピードの遅いボールで、キャッチをしないラリーゲームなどを行ってからゲームに入るとよいでしょう。

ちょっと教えて!!

Q ボールを転がすときに手を床に擦らせて痛がります。
A ボールを投げる、打つときにはどうしても床に手が擦れます。痛がる子供には手袋を付けさせるとよいでしょう。

▶ 勝負時間の進め方

１時間目　導入で子供の心をわしづかみ

子供の活動	よい授業のためのポイント
○整列 １　準備運動（手首、足首を中心に） ２　コロコロサーキット 　　キャッチして転がす。 　　①コロコロ的当て 　　②遠くへコロコロ 　　③ペアとコロコロ ３　今日のねらいの確認 　　　ペア（相手）にボールを転がそう！	・安全確保のため、体全体のストレッチ、手首、足首はしっかりやっておきます。 ・２分（運動）―30秒（移動）の繰り返しの音楽を流し、３つの場で、運動に取り組みます。 ・今日は何を頑張るのかはっきりさせるため、ねらいを声に出して復唱します。 ・視覚化できるよう、大きなカードを用意します。
４　コロコロラリー①で遊ぼう！ 　　１対１のラリーゲーム 　　（ラリーを続けるゲーム） 　・ボールをキャッチして転がす。 　●練習タイム 　　時間を決めず、とにかくやってみる。 　●３分間のラリーゲーム 　　何回ラリーが続くかな？ 　　人数が多い場合は交代して数回行う。	・コートはなるべく多くつくります。 ・人数に対してコート数が足りない場合は、３人か４人で１コートを交代で使用します。 ・うまくボールを転がせない子がいたら、「もっと腕をふってごらん」等の声かけをしましょう。 ・ここで、ねらったところにボールを転がせているかについて評価します。ペアの子供に転がせていたらＯＫです。
５　振り返ろう 　　「ペアの子に転がすにはどうすればよい？」	・方向が定まらない子に対しては、ペアのいるところへ向かっておへそを向けて転がすように伝えます。 ・ボールが届かない子には、大きく腕を振るように伝えます。
６　コロコロラリー②で遊ぼう！ 　　２対２のラリーゲーム 　　（ラリーを続けるゲーム） 　・ボールをキャッチして転がす。 　●練習タイム 　　時間を決めず、とにかくやってみる。 　●３分間のラリーゲーム 　　ペアで協力して、相手チームとラリーを続けよう！ ７　まとめ 　　学習の振り返り 　　「相手にボールを転がすことはできたかな？」 　　上手にできたペアを紹介する。	・楽しい音楽をかけながら、試合時間を知らせます。音楽が止んだら試合終了です。 ・１人から２人でのラリーゲームになるので、協力してつなげることを意識させます。 ・「キャッチして投げる」に慣れてきたら「キャッチして打つ」に変えていきます。 ・第１時は楽しくできたかを確認します。そのときの表情を大切にします。 ・実際にやってみることで、実感を伴うようにします。

6時間目 後半の攻撃の発展性を考えて（コロコロツータッチゲーム）

子供の活動	よい授業のためのポイント
○整列 1 準備運動（手首、足首を中心に）	・安全確保のため、体全体のストレッチ、手首、足首はしっかりやっておきます。
2 コロコロサーキット 　キャッチして打つ。 　④コロコロ的当て 　⑤遠くへコロコロ 　⑥ペアとコロコロ 3 今日のねらいの確認 　ペアで協力してアタックを決めよう！	・2分（運動）—30秒（移動）の繰り返しの音楽を流し、3つの場で、運動に取り組みます。 ・単元後半からは、ボールをヒット（アタック）させていきます。 ・何回も挑戦できるように、ボールや用具はできる限り多く準備します。 ・今日は何を頑張るのかはっきりさせます。 ・今日からツータッチゲームになることを伝えます。
4 コロコロゲーム① 　1対1のゲーム（ラリーを切るゲーム） 　・ボールをキャッチしないでアタック（慣れたら）。 　●練習タイム 　　時間を決めずにとにかくやってみる。 　●3分間のゲーム 5 振り返ろう 　「たくさん得点するためには、どうすればいいかな？」 　→強いアタックを打つ。 　→相手のいないところへ打つ。 　→アタックしやすい位置に動く。	・使う用具だけを渡し、ペアで自分のコートに移動させます。ペアで活動場所を確認させると次の流れがスムーズになるでしょう。 ・単元前半のコロコロラリーと同じ場で行います。 ・キャッチしてアタックしてもよいことにします。 ・アタックを決めている子に大きな声で「いいね」と声をかけると、他の子供の真似をしようとします。 ・たくさんアタックを決めていた子の動きを、みんなの前で見せます。 ・アタックのポイントをみんなで共有します。
5 コロコロゲーム② 　2対2のゲーム（ツータッチ） 　・ボールをキャッチしないでアタック（慣れたら）。 　●練習タイム 　　時間を決めずにとにかくやってみる。 　●3分間のラリーゲーム 　　ペアで協力して、相手チームとラリーを続ける。 6 まとめ 　「ペアで協力してアタックを決めることができたかな？」 　→コートの右側と左側で、分担を決めた。 　→Aさんが守って、Bさんがアタックを打つ役割にした。 　上手にできたペアを紹介する。	・キャッチしてアタックしてもよいことにします（慣れてきたら「キャッチ」はなしでもよい）。 ・ラリーゲームは最終的に、ラリーを切るゲームに発展させていきます。 ・ペアで2回触れるルールへ発展させた場合、どちらが先にボールに触れるのか判断が必要です。 ・競争を協力づくりに生かします。例えば、ペアで連係して動くので、右はAさん、左はBさんのようにポジション決めなどを行うとよいでしょう。 ・コロコロ（ツータッチ）ゲームでは、ペアと協力して攻めることができたかについて、振り返ります。 ・難しく感じている子供もいるかもしれないので、表情をよく読み取ります。

2年生
2年生では、こんな発展を目指そう
「フワフワボール」

▶ 2年生での押さえどころ

　技能面では、空中に飛んでくるボールに対してコースに入って打ち返すこと、思考・判断面（工夫）では、ペアでの攻め方や守り方を決めたりすることを目指します。1年生では地面を転がるボールを扱っていましたが、2年生では空中にあるボールを扱うところに技能面での発展を位置付けます。

··

やってみよう（第1時～第3時）

1　準備運動
　○フワフワサーキット
　・ボール慣れの運動遊びを中心に。

　①1人でフワフワ
　　両手か片手でボールを落とさないように頭上に上げる。
　②ペアでフワフワ
　　ペアの子と、両手か片手でボールを落とさないようにパスする。
　③チームでフワフワ
　　4人チームで両手か片手でボールを落とさないようにパスする。

> **POINT!!**
> 単元前半のフワフワサーキットでは、ボールは両手で「キャッチして打つ」を繰り返すと易しくなります（空中にボールを打ち上げるような感じで）。

ボールをキャッチ　→　頭上に投げ上げて　→　打つ！

2　今日のねらいの確認

　| ボールを落とさずにボールをつなごう！ |

　・しっかりキャッチすること。
　・「ボールを見て打つこと」を押さえること。

3 　**学習1**：フワフワラリー①
　○ペアで1対1のラリーゲーム
　〈規則〉
　・ネットを挟んでコート内に1対1で入る。
　・ゲームのスタートは、ボールを頭上に上げてボールを打つ。
　・ボールをキャッチし、相手コートに両手か片手で打ち返す。
　※ネットの高さは、子供の胸の高さくらいとし、ペットボトルと竿で支柱を、ゴムやスズランテープ等
　　を使用し簡易ネットを作成するとよい（コートの広さは、縦3m、横2m程度。子供の実態に合わせて
　　修正する）。
　※ボールは風船かビーチボールを使う（P.178参照）。

> **POINT!!**
> 1年生のときは、「キャッチして投げる」動きだったので、2年生では「キャッチして（空中に）打つ」動作を学習します。

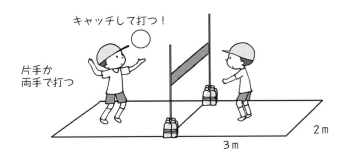
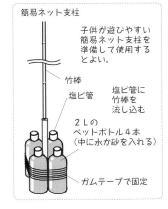

4 　途中で確認
　「ボールを落とさずにつなぐためにはどうすればよい？」
　→打つときに、頭の上ではなく、少し前の見える位置で打つ。
　→素早くボールの落ちるところへ移動する。

> **POINT!!**
> 空中に飛んで来るボールに対する動き方が新しい課題となります。

5 　**学習2**：フワフワラリー②
　○ネットを挟んで2対2のラリーゲーム
　・「キャッチして打つ」を繰り返す。
　・1回で相手コートに返す（テニス形式）。
　・コートは1対1より少し大きめのコートにする（縦4m、横3m程度）。

6 　まとめ
　ラリーが最も続いたペアを紹介し、みんなの前でやってもらう。
　・「ボールを落とさずにつなぐことができたかな？」
　　→素早くボールの落下地点を予測して動いている子を紹介する。
　　→ボールを打つときに、高いボールを打ってラリーを続けていた子を紹介する。

ちょっと教えて!!

Q ボールにばかり目がいってしまい、危ないです。
A 2年生とはいえ、まだまだ周りに注意して動くことは難しいです。その場合、できる限り広い場所で行い、隣のペアとぶつからないように活動することが大切です。それでもぶつかりそうな場合は、活動する人数を減らして行い、安全を確保しましょう。

もっと楽しくなるように（第4時～第6時）

1　**準備運動**
　○フワフワサーキット
　・ボール慣れの運動遊びを中心に。
　①1人でフワフワ
　②ペアでフワフワ
　③チームでフワフワ

> **POINT!!**
> 単元後半のドリルサーキットでは、ボールをキャッチしないで打ちます。「何回落とさずにつけるかな？」などと、言葉かけをしていきます。

2　**今日のねらいの確認**
ペアで攻め方を考えよう！

3　**学習1：フワフワゲーム①**
　○ネットを挟んで2対2でのツータッチラリーゲーム
　〈規則〉
　・ペアでつないで2回で相手コートに返す（バレー形式）。
　・時間を決めて行い、何回ラリーが続いたかを他のグループと競う。
　・コートは、少し大きめのコートにする（縦4m、横3m程度）。

> **POINT!!**
> 2年生では個人での活動だけでなく、2人で協力して攻めるという集団的な活動に発展させましょう。

4　**途中で確認**
　「どんな攻め方がうまくいくかな？」
　→はじめに触る人と、相手コートに返す人で分ける。
　→2回目に触るペアのために、ボールを高く上げる。

5 　学習2 ：フワフワゲーム②
　○ネットを挟んで2対2のゲーム
〈規則〉
・ゲームのスタートは、下からの投げ入れボールで始める。
・1回のラリーで、必ずペアの2人が1回ずつボールに触って相手コートに返球する（バレー形式）。
・相手コートにボールが返らない、アウトになったら失敗となる。
・コートは少し大きめのコートにする（縦4m、横3m程度）。
・時間を決めて行い、得点の多い方が勝ちとなる。

POINT!!
ペアの子と攻めるためには協力が必要なことを意識させます。

POINT!!
2回で返すのが難しければ、3回、4回と回数を増やし、とにかくペアの子と協力して相手コートに返すことを課題とします。回数は子供に決めさせてもよいでしょう。

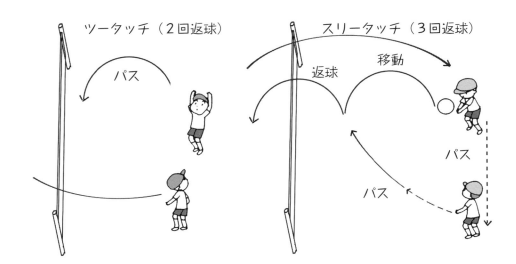

6　まとめ
「ペアでの攻め方で、工夫できたペアはいるかな？」
　→ペアの子と声をかけ合って、どっちが先に取るかを決めた。
　→2回で返したほうが得点が決まりやすかったので、できるだけ2回で返せるように1回目はネットの近くに返した。

ちょっと教えて!!

Q 2年生でどのようなボールを使えばよいかわかりません。

A 本単元の導入段階では、風船を用いても面白いと思います。その他には、ビーチバレーボールの20gや30gのできるだけ軽いものを選びます。軽い方が空中での滞空時間が長いので、子供も取りやすいです。ネット型につながるゲームですので、「はじく」感覚を大切にしましょう。

CHECK!! これを知っておくと便利

▶ ノリノリの音楽でこんな準備運動を

　サーキットやゲームのときには、音楽を流しながら行うとよいでしょう。ステーション形式の体つくり運動などで用いられることが多いですが、ボールゲームでもサーキット式の場（練習の場）をいつくか用意し、音楽の切り替わりと同時に、移動するサーキット形式の準備運動を行うことで、子供の動きも習慣化します。このことにより、時間の短縮にもつながり、教師が笛の合図等で気を遣わずに、声かけなどに集中できる等の利点もあります。

　実際に行う準備運動では、特に、ボールゲームではボールを使った慣れの運動を行います。はじめは個人で何度も挑戦したくなるような楽しくて易しい動きから、1人から2人、2人から3人と少しずつ人数を増やしたり、ボールの高さや距離を変えたりしながら難しくしていくと、子供の挑戦する気持ちも高まり、上達につながっていきます。

▶ できない子供への支援の方法

　ボールゲームでは、グループやペアによって勝敗が決まってしまうことがあります。また、低学年の子供だと「自分がやりたい！」という気持ちが強く、順番を守ったり、ペアの子を待ってあげたりすることが難しい場合もあります。

　そのため、低学年のときには、個々で思いきり動くことのできる場と、ペアやグループで活動する場を用意するとよいでしょう。上手な子と苦手な子でペアを組ませ、上手な子を教え役にしてあげると苦手な子も上達でき、活躍できるかもしれません。教師1人がクラスの子供全員を一度に見るのは難しいため、小さな「子供先生」を低学年から育てていくことも大切です。また、そのための仕組みは、教師が意図的に関わり合いを仕組むことや、教え合いをする中身を明確にしておくことなどが求められます。

〈教え合いの仕組み〉

▶ このポイント（技能）だけは押さえよう

ネット型ゲームでは、ボールの正面に入ることが大切な技能ポイントになります。これは、ネット型ゲームのボールをもたないときの動きですが、ネット型ゲームで必要な動き方になるので、必ず押さえるようにしましょう。

▶ 簡易ネットのつくり方

ネット型ゲームでは、コートの大きさやネットの高さによって教具を工夫する必要があります。特に、低学年では、子供の体の大きさやルールに応じてネットの高さやコートの広さを工夫しましょう。支柱には、コーンを使ったり、支柱代わりに大きな缶詰の中心に筒が入るような隙間をつくり、コンクリート等で埋めたものに竿を刺して使用したりするのもよいです。また、2リットルのペットボトルに水を入れ、4本並べてガムテープでぐるりと巻き付け、中央に竿を刺して支柱代わりにもできます。この場合、コンクリートの缶詰より安定力が増すので、ネットの高さも1mほどまで耐えられます。

一方、高学年ではネットを高くしたり、コートを広くしたりする場合もあるでしょう。その場合は、バドミントンコート程度の広さとし、ネットの高さはバドミントンのネットの高さ1.5m程度以下が望ましいでしょう。さらに高くしたい場合は、塩化ビニル管などを支柱の上から被せて高さを出すことも可能です。

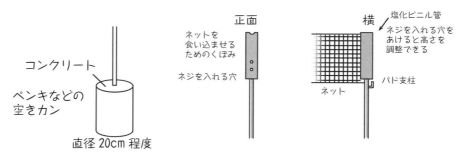

11 表現リズム遊び

単元の目標

- **技能**：軽快なリズムに乗って踊ったり、題材の様子や特徴をとらえて、そのものになりきって全身の動きで楽しく踊ったりすることができるようにする。
- **態度**：恥ずかしがらずに進んで取り組み、きまりを守って誰とでも仲よく踊ったり安全に気を付けて踊ったりすることができるようにする。
- **思考・判断**：題材やリズムの特徴にふさわしい動きを選んだり見付けたり、友達のよい動きを見付けたりすることができるようにする。

単元のこだわり

低学年では、いろいろなものになりきりやすく、律動的な活動を好む低学年の子供の特性を生かした即興的な表現を中心とすることが大切です。即興的な表現とは、題材からとらえたイメージをすぐに動きに変えて表現し、その動きに変化を付けて踊ることができるようにすることです。動きに変化をもたせることで豊かな表現にもつながります。そのために、次の4つの工夫の視点を意識させて、そのものになりきって全身の動きで楽しく踊ることができるようにします。

①**空間（場）の使い方**：空間を大きく使うことができる。
　・広く、せまく　　・上に、下に　　・左へ、右へ　など

②**身体の動かし方**：いろいろな動きをすることができる。
　・跳ぶ　・回る　・ねじる　・這う　素早く走る、など

③**リズムの変化**：動きに変化を付けることができる。
　・速く、ゆっくり　　・ストップ　　・スローモーション、など

④**子供同士の関わり方**：1人ではできない動きができる。
　・近付く、離れる　　・くぐり抜ける　　・合わせる、など

用意するもの

「いきものランド」のイメージを膨らませるために、子供たちが描いた生き物の絵を貼ったイメージボードを用意します。模造紙くらいの大きさで題材ごとにまとめると、その時間ごとに提示できるのでイメージしやすいです。また、言葉かけで動きを引き出すためのリズム太鼓、イメージに合ったBGMも一緒に用意します。

イメージボード

表現リズム遊びの授業をつくろう

授業イメージ

（横長の空間にして体育館全体を使う）

授業づくり上達への道

〈導入が勝負どころ〉

　導入では仲間と自由に関わりながら心と体をほぐし、楽しく学習できるようにします。

【進化じゃんけん】
○じゃんけんをして勝ったら次の動物に進化する。勝つまで進化できない。

〈表現リズム遊びの「約束」の徹底〉
○どんな動きもOK！
○自分から声をかけていろいろな友達と一緒に踊る。
○友達に声をかけられたら、必ずその子とペアになる。

　表現リズム遊びのときは、上記の約束をして取り組むようにします。子供の動きを全て認めてあげることで、安心して動くことができます。ただし、危険な動きは認めません。そして、いろいろな友達と接することができるように毎回ペアを変えるなどして、心も体も解放して楽しく踊ったり表現したりできるようにします。

> 教師が恥ずかしがらずに思いきり動くことも、子供が思いきり動くコツです。

1年生
「いきものランドへいこう！」（全6時）

▶ 単元前半の押さえどころ

リズム遊びでは、リズムに乗って弾んで自由に踊ったり友達と調子を合わせて踊ったりします。表現遊びでは生き物の特徴をとらえて、そのものになりきって全身を使って踊るようにします。

やってみよう（第1時～第5時）

1 **ウォームアップ**
  ・心と体をほぐす。
  リズム遊び
  ・軽快な曲に乗って友達と仲よく踊る（P.202参照）。
  （教師や友達のまねっこをしながら踊る）

  > **POINT!!**
  > ウォームアップはゲーム感覚で楽しく取り組んで、自然と心と体がほぐれるようにします。

2 **今日のねらいの確認**

  > ○○のいきものになって、ともだちと　たのしくおどろう。

3 **学習1**
  ・表したいイメージをイメージボードで共有する。
  ・特徴の異なる3種類くらいの生き物を教師の言葉かけに合わせて即興的に踊る。
  ・1つの生き物でも繰り返し踊り、いろいろな動きが体験できるようにする。

  > **POINT!!**
  > 3種類の生き物を決めるときは、動きの違う物にすると、いろいろな動きが出てきます。

  例

第1次（身近な生物）	第2次（草原）	第3次（ジャングル）	第4次（海）	第5次（空）
①イヌ	①ゾウ	①サル	①ペンギン	①ツバメ
②トンボ	②ライオン	②ヘビ	②イルカ	②チョウ
③ザリガニ	③キリン	③トラ	③タコ	③ワシ

4 **途中で確認**
  ・よい動きを紹介したり、みんなで真似をしたりする。

5 **学習2**
  ・友達と一緒に好きな生き物で簡単なお話で続けて踊る。
  ・見せ合いをする。

  > **POINT!!**
  > グループの人数は2～3人がいいでしょう。多すぎると、まとまりがつかなくなります。

うっき～！

つるをもって木から木へとびうつるよ

6 **まとめ**
  ・楽しかったことや上手にできたこと、友達のよいところなどを発表する。

▶ 単元後半（最後）の工夫の視点

　今までやってきた動きの中から自分のお気に入りの踊りを紹介し合って、友達のよい動きを見付けます。ただ見るだけでなく一緒に踊って、その動きを知ったり楽しんだりします。

・・

もっと楽しくなるように（第6時）

1　ウォームアップ
　・心と体をほぐす。
　リズム遊び
　・軽快な曲に乗って友達と仲よく自由に踊る（P.202参照）。

2　今日のねらいの確認

> みんなで　すきないきものになって　たのしく　おどりあおう

3　学習1　　　　　　　　　　　　　　　　　　　　　　BGMを流します。
　・今まで踊ってきた生き物の中でお気に入りのものを友達と自由に踊る。

4　途中で確認
　・よい動き（なりきっている動き）を紹介する。

5　学習2
　・自分たちの「いきものランド」を発表する。
　・教師は、ただ見ているのではなく、一緒に参加して楽しむ。

6　まとめ
　・楽しかったことや上手にできたこと、友達のよいところなどを発表して、それをみんなで真似をして一緒に踊って楽しむ。

勝負時間の進め方

1時間目　導入で子供の心をわしづかみ	
子供の活動	よい授業のためのポイント
○集合 1　ウォームアップ 　・進化じゃんけん 　**リズム遊び** 　・先生のまねっこダンス 	・楽しい雰囲気をつくるため、整列せずに自然に集まるようにします。 ・心と体をほぐし、楽しく開放的な雰囲気をつくることが大切です。 ・子供たちに親しみやすい軽快なリズムの曲を用意します。5～10分くらいで、2～3曲を組み合わせると変化があって楽しいです。 ・定型のダンスの部分と自由に踊る部分（ここで先生のまねっこをする）をつくっておいて、自由に踊ることができる時間をつくります。 ・最後の曲で、本時の生き物の動きを少し組み込んでおくと、表現遊びにスムーズにつながります。
2　今日のねらいの確認 　いろいろな　いきものに　なって、ともだちと　たのしくおどろう	・表現リズム遊びの約束（P.193参照）やこれからどんな学習をするのか、オリエンテーションをします。 ・生き物のイメージを全体で共有できるように、イメージボード（P.192参照）を提示します。
3　先生の言葉かけに合わせていろいろな生き物になってみよう 　・イヌ　・トンボ　・ザリガニ 	・1つの言葉かけを30秒くらいの短い流れで考えておきます。例えば、 「ザリガニにへ～んしん。水の中をお散歩だよ　のそのそ　あちらこちらへ　のそのそ　あ、大変！つかまえられる　逃げろ～　後ろへシュシュシュシュ～！！あ～よかった」 というような簡単な流れで、1つの言葉かけが長くなりすぎないように気を付けます。いろいろな動きが引き出せるような言葉かけにします（P.203参照）。 ・1つの生き物で3回くらい繰り返して（少しずつ変えて）言葉かけをします。 ・言葉かけに「あ、大変！○○だ」を入れて、動きに変化があるようにします。

4 振り返ろう ・よい動きのポイントを提示する。 「なりきって」 	・特徴をとらえた動きをしている子供の動きを取り上げ、みんなの前で発表したり、一緒にまねっこをして踊ったりします。真似をすることで、動き方を知ることができるようにします。 ・変化のある動きができるように、よい動きのポイントを押さえます。
5 友達と好きな生き物になっておどろう 	・2～3人組で、好きな生き物を選んで「大変だ！」の場面を入れて踊るようにします。 ・先生と一緒に踊った生き物の中から選ぶと、迷わずにできます。時数が進んで慣れてきたら、自分たちで好きな生き物を選んで踊ることができるようになる子供も出てきます。 ・題材に合ったBGMを流しておきます。そうすると、よりイメージを広げて踊ることができます。 ・第1時なので、見せ合いより友達と踊る時間を十分確保して、踊る楽しさを味わわせます。 ・クラス全体を半分に分けて、自分たちの生き物の話を見せ合って、友達のよいところを発表します。見せ合いをする前には、全体で一斉にリハーサルをする時間をとります。
6 まとめ	・友達と楽しく踊れたか、動きのポイントができたかを確認します。

ちょっと教えて!!

Q 言葉かけがうまく子供に伝わりません。

A 最初は、子供たちが集まって座っている状態で簡単にその場で言葉かけをして動かします。そして、その場で立って動くようにして少しずつ空間を広げていくと、スムーズに子供たちに伝わっていきます。また、リズム太鼓を使うことで、太鼓の音の強弱やリズムの変化でメリハリのある動きが引き出せます。

6時間目　最後のまとめを確実に

子供の活動	よい授業のためのポイント
○集合 1　ウォームアップ 　・だるまさんの1日 　リズム遊び 　・ダンスダンス　みんながリーダー 	・楽しい雰囲気をつくるため、整列せずに自然に集まるようにします。 ・単元が進んだとき、同じウォームアップで飽きているなと感じたら他のものをやるとまた楽しくできます。 ・1時間目から踊ってきているので、子供たちがのりのりで踊れるようになっていたら、1曲は全部自由に踊る（みんながリーダーになってまねっこをする）ようにしてもいいでしょう。最後の1曲は、本時につながる動きで踊ります。
2　今日のねらいの確認 　みんなで　すきないきものになって　たのしく　おどりあおう 	・今まで踊ってきた生き物のイメージを全体で共有できるように、イメージボードを提示します。
3　今まで踊ってきた生き物の中でお気に入りのものを選んで、友達と一緒に踊る。 	・今までの毎時間の題材（「身近な生き物」「草原の生き物」「ジャングルの生き物」「海の生き物」「空の生き物」）の中から一番のお気に入りの生き物を1つ選んで踊るようにします。 ・やりたい生き物が同じ子や選んだ題材が同じ子でグループをつくります。3人組が理想です。 ・「あ、大変！○○だ」を入れて、簡単なお話にして踊っているかを見ます。
4　振り返ろう	・よい動きをしていたグループに発表してもらって、よい動きのポイントを振り返ります。

5　自分たちの「いきものランド」を発表して、友達と一緒に踊って楽しむ。	・クラス全体を2つに分けて、半分ずつ、自分のいきものランドの動きを紹介したり、他のいきものランドの真似をしたりします。
6　まとめ	・うまくできたことや、友達のよいところを発表して、それをみんなで真似をして一緒に踊って楽しみます。そうすることで、お互いのよいところをたくさん見付けます。 ・友達と楽しく踊れたか、動きのポイントや友達のよい動きを見付けられたかを確認します。

ちょっと教えて!!

Q 動きに変化を付けたいのですが。

A 例えば、「体育館中が海だよ」と言うと、狭い範囲でしか踊っていなかった子供たちの動きが広がっていきます。高低の変化を付けたいときは、ただ「高くするよ」というのではなく、「もっと上の方にバナナがあるよ。もっと上にも！あ、下にも！」と言うと、イメージの中で自然と変化のある動きができます。イメージをもたせて動きを変化させます。

2年生

2年生では、こんな発展を目指そう

「のりものランドへ 行こう！」（全6時）

やってみよう（第1時～第5時）

1 ウォームアップ、リズム遊び
- 心と体をほぐす。
- 軽快な曲に乗って友達と仲よく自由に踊る。

> **POINT!!**
> ウォームアップで心と体をしっかりほぐすようにします。また、リズム遊びで、本時の乗り物の動きを少し組み込んでおくと、表現遊びにスムーズにつながります。

2 今日のねらいの確認

> ○○ののりものになって、ともだちと　たのしくおどろう。

3 学習1
- 表したいイメージをイメージボードで共有する。
- 特徴の異なる3種類くらいの乗り物を教師の言葉かけに合わせて即興的に繰り返し踊る。

> **POINT!!**
> 3種類の乗り物を決めるときは、動きの違う物にすると、いろいろな動きが出てきます。

例

第1次（身近な乗り物）	第2次（陸）	第3次（空）	第4次（海、川）	第5次（遊園地）
①自転車	①パトカー	①飛行機	①船	①ジェットコースター
②車	②バイク	②気球	②ヨット	②メリーゴーランド
③ボート	③汽車	③ロケット	③急流くだり	③コーヒーカップ

> 2年生では、先生とのかけあいの動きを入れると、学習2でも役割分担のある簡単なかけあいの動きが出てきます。

4 途中で確認
- 特徴をとらえた動きをしている子供の動きを取り上げ、みんなの前で発表したり、一緒に真似をして踊ったりする。

〈かけあいの例1〉
先生は風！ビューとばされるよ

〈かけあいの例2〉
先生トンネルくぐるよ　シュシュシュ　トントントン
シュシュシュ
先生トンネル　みんなでくぐろう

5 学習2
- 友達と話し合い、一緒に好きな乗り物になって、簡単なお話で続けて踊る。
- 見せ合いをする。

> 1年生よりも人数を増やして、4人組で話し合い、好きな乗り物を選んで「大変だ！」の場面を入れて踊るようにします。

6 まとめ
- 上手にできたこと、友達のよいところなどを発表したり、真似をして踊ったりする。

ちょっと教えて!!

Q グループづくりで気を付ける点はどんなことですか。

A 誰とでも一緒に楽しく踊ることができるようにするために、グループをつくるときには必ず男子と女子が混ざるように声かけをします。低学年のうちから、男女問わずその場でさっと誰とでもペアやグループをつくることができるのが理想です。

▶ 2年生での押さえどころ

　先生と子供とでかけ合いのあるような動きを取り入れます。そうすることで、役割分担のある動きになって、学習2での動きが1年生よりも広がります。

もっと楽しくなるように（第6時）

1　ウォームアップ、リズム遊び
　・心と体をほぐす。
　・軽快な曲に乗って友達と仲よく自由に踊る。

2　今日のねらいの確認
　　みんなで　すきなのりものになって　たのしく　おどりあおう。

3　学習1
　・今まで踊ってきた乗り物の中で、お気に入りのものを友達と自由に踊る。

POINT!!
BGMを流します。

やりたい乗り物が同じ子や、選んだ題材が同じ子でグループをつくります。

4　途中で確認
　　よい動きを紹介する。

5　学習2
　・クラス全体を2つに分けて、半分ずつ、自分ののりものランドの動きを紹介したり、他ののりものランドを回ったりして友達と一緒に踊って楽しむ。

ただ見るだけでなく、参加体験しながら友達のよい動きを見付けられるようします。

6　まとめ
　・上手にできたこと、友達のよいところなどを発表する。
　・最後に、よかったことを真似しながらみんなで好きな乗り物を踊る。

ちょっと教えて!!

Q　よい動きのポイントは、他にどのようなものがありますか。
A　「なりきって」「体をいろいろに使って」「高く低く」「速くゆっくり」などがあります。特に、なりきって全身を使って踊ることが低学年ではとても大切です。

CHECK!! これを知っておくと便利

▶ ウォームアップでの心と体を解放する遊び

【おねだりじゃんけん】
体じゃんけんをして、勝ったら（または、負けたら）相手に動きのおねだりができます。

【動物園へ行こうよ！】
仲間集めゲームをしながら、動物の動きを表現して遊びます。

【だるまさんの1日】
いろいろな動きを引き出していきます。その場で動いてもOK！その動きができていなかったらアウトです。

▶ なかなか踊れない子への支援

　恥ずかしがってなかなか踊れない子は、心がかたくなって体も動かなくなっています。自分を解放して思いきり踊るためには、心と体をほぐすことが大切です。低学年の子供は、何かに変身して動くことが大好きです。最初に心がほぐれたら、自由にどんどん動き出していきます。そのほぐすきっかけをウォーミングアップで行います。また、先生自身が心と体を解放して動き出すことも支援になります。先生が思いきり動いていたら、それが子供たちに伝わり、安心して思いきり動くことができます。そして、「わからないときは先生の真似をしてね」と伝えると、動きがわからない子も踊ることができるようになります。また、友達同士で真似のし合いっこをするのも有効な方法です。誰かの真似から始めて、自分の動きを見付けられるようにします。

▶「いきものランド」の言葉かけの例

【トンボ】
空を飛ぶよスイ〜スイ〜　右の方へスイ〜　左の方へスイ〜
上へ〜　スイ〜　下へ〜　スイ〜
高い枝にとまるよ　ピタ
また飛ぶよスイ〜　体育館中お空だよ〜　いろいろな所へスイ〜
大変、鳥だ！　あの低い枝に向かってスイ〜　とまるよ　ピタ！

言葉かけのポイント
「右へ」「左へ」「高く」「低く」など空間の使い方を変える言葉を入れます。イメージの中で動きに変化を付けるような言葉かけにします。

【ゾウ】
お散歩だよ　のっしのっし　のっしのっし　お鼻もぶ〜らぶ〜ら
あ、右の方にバナナの木があるよ　行ってみよう　のっしのっし
お鼻をのばしてキャッチ　むしゃむしゃ
もう1個　お鼻をもっとも〜っとのばして〜キャッチ　むしゃむしゃあ、
左の方にはリンゴの木があるよ　行ってみよう　のっし　のっし
お鼻をのばして〜　キャッチ　むしゃむしゃ
上の方のリンゴも　もっとのばして　あと少しで届きそう　もっと上もっと上
大変、落ちちゃった！ころころ〜　拾ってむしゃむしゃ　あ〜、おいし！

言葉かけのポイント
身体の動かし方を変えるには、「○○にのばして」「後ろにねじって」「巻き付いて」などの言葉を入れることもできます。

▶「のりものランド」の言葉かけの例

【飛行機】
初めはゆっくり滑走路まで行くよ　低い姿勢で　シュー
さぁ離陸だ　だんだんスピード上がるよ　ゴーーー　少しずつ上を向いて…
飛び立つよ　ビューーーン！！　体育館中が大空だよ　気持ちいいね〜
翼をかたむけて　右へ曲がるよ〜　次は左へ〜
大変、先生の大風がふくよ！（先生が風になる）
飛ばされる〜　ビュ〜〜〜　風が回る〜ビュ〜〜〜〜ン
もうすぐ到着だよ　がんばれ！　下りるよ〜　ガタ〜ン　シュー
ブレーキ　ゆっくり〜　ピタッ　無事に到着！

言葉かけのポイント
リズムを変えるために、ゆっくりから始まって速くしていったり、途中でスローにしたりするなどを組み込んでもおもしろいです。

【汽車】
出発進行〜！ポッポ〜　ガタンゴトン　ガタンゴトン
だんだんスピードが出てきたよ
右へカーブ　シュッシュッシュッ　左へカーブ　シュッシュッシュッ
山道だよ　上り坂〜　上りはきつい　ゆっくりガタンゴトン　ガタンゴトン…
大変、急な下り坂だ！スピードが出ちゃう
シュッシュッシュッ　シュッシュッシュッ
下りてきたよ　ひと安心　ガタンゴトン　ガタンゴトン
先生トンネルをくぐるよ　低く〜（先生がトンネルになって高さを変える）
ガタンゴトン　駅が見えた　ゆっくり〜　ピタ　到着〜　楽しかった！

言葉かけのポイント
2年生では先生と子供でかけ合いのある動きを入れるとより動きが広がります。

編著者・執筆者紹介

[編著者]
白旗 和也
日本体育大学教授
日本体育大学スポーツプロモーションオフィスディレクター

1963年生まれ。東京都小学校教諭、東京都教育庁指導部課務担当係長、世田谷区教育委員会指導主事、東京都小中一貫準備校副校長、文部科学省スポーツ青少年局体育参事官付教科調査官を経て、平成25年4月より現職。文部科学省では「小学校学習指導要領　体育編」の作成にかかわる。現在は、JICA（青年海外協力隊）技術顧問、日本フラッグフットボール協会理事、日本学校体育連盟参与、高知県スポーツ政策アドバイザー、川崎市スポーツ推進審議会委員などもつとめる。日本体育学会、日本体育科教育学会、日本発育・発達学会、日本スポーツ教育学会、日本幼少児健康教育学会会員。主な著作物に、『これだけは知っておきたい「体育」の基本』『小学校体育　これだけは知っておきたい「体つくり運動」の基本』（東洋館出版社）、『学校にはなぜ体育の時間があるのか？』（文溪堂）、『小学校体育授業の重点指導（全3巻）』（明治図書出版）などがある。

[執筆者]

白旗和也	日本体育大学教授
松田恵示	東京学芸大学教授
吉田伊津美	東京学芸大学教授
重冨友佳梨	千葉県松戸市立八ヶ崎小学校教諭
水戸映里	千葉県松戸市立八ヶ崎小学校教諭
神田さつき	千葉県松戸市立八ヶ崎小学校教諭
岩田正直	元・静岡県静岡市立横内小学校教諭
望月康平	静岡県静岡市立森下小学校教諭（元・静岡県静岡市立横内小学校教諭）
漆畑裕也	静岡県静岡市立梅ケ島小学校教諭（元・静岡県静岡市立横内小学校教諭）
佐藤映子	神奈川県川崎市立大島小学校総括教諭
田所潤子	高知県高知市立秦小学校主幹教諭
羽賀弘美	千葉県松戸市立中部小学校教諭
清田美紀	広島県東広島市教育委員会指導課指導主事
手塚夕香	東京都中野区立中野神明小学校主幹教諭
長町裕子	香川県教育センター主任指導主事
鬼澤陽子	群馬大学准教授
荻原朋子	順天堂大学准教授
小濱智香	徳島県徳島市川内北小学校教諭

※執筆順、所属は平成28年6月時点のもの

小学校体育　これだけは知っておきたい
「低学年指導」の基本

2016（平成28）年 7 月 4 日　初版第 1 刷発行
2023（令和 5 ）年 5 月26日　初版第 7 刷発行

編著者　白旗和也
発行者　錦織圭之介
発行所　株式会社 東洋館出版社
　　　　〒101-0054　東京都千代田区神田錦町 2 丁目 9 番地 1 号
　　　　　　　　　　コンフォール安田ビル 2 階
　　　　代　　表　TEL：03-6778-4343
　　　　　　　　　FAX：03-5281-8091
　　　　営業部　　TEL：03-6778-7278
　　　　　　　　　FAX：03-5281-8092
　　　　振　　替　00180-7-96823
　　　　U　R　L　https://www.toyokan.co.jp

［装丁］竹内宏和（藤原印刷株式会社）
［イラスト］オセロ
［印刷・製本］藤原印刷株式会社

ISBN978-4-491-03238-2　　Printed in Japan

[JCOPY] ＜(社)出版者著作権管理機構　委託出版物＞
本書の無断複写は著作権法上での例外を除き禁じられています。複写される場合は、そのつど事前に、
(社)出版者著作権管理機構（電話 03-5244-5088、FAX 03-5244-5089、e-mail：info@jcopy.or.jp）の許
諾を得てください。